Klaus Schlagmann
Die Narzissmus-Lüge

Klaus Schlagmann

DIE *NARZISSMUS*-LÜGE

Über den Missbrauch eines emanzipatorischen Mythos

R. G. Fischer Verlag

Bibliografische Information der Deutschen Nationalbibliothek:
Die Deutsche Nationalbibliothek verzeichnet diese Publikation in der Deutschen Nationalbibliografie; detaillierte bibliografische Daten sind im Internet über http://dnb.dnb.de abrufbar.

Orber Str. 30, D-60386 Frankfurt/Main

Schriftart: Minion Pro
Herstellung: rgf/pr/1B
ISBN 978-3-8301-1871-8

INHALTSVERZEICHNIS

EINLEITUNG

Narkyssos kann kein Namensgeber
für psychopathologische Phänomene sein,
die deutlich den Stempel
der Sozialisationsbedingungen unserer Zeit tragen.
Gebt Narziss seinen Namen zurück!

Hilarion Petzold (Jg. 1944), Professor für Psychologie,
Mitbegründer des Fritz-Perls-Instituts, entwickelte das
Psychotherapieverfahren der Integrativen Therapie.
(in: Gebt Narziss seinen Namen zurück. Integrative Therapie, 1992, 3, S. 325)

Hilarion Petzold verdanke ich die Möglichkeit,
meine Gedanken zu Narziss und Narzissmus im Jahr 2008
in der »Integrativen Therapie« zu veröffentlichen. (K. S.)

Ich würde mir für den Narzissmus-Begriff genau das wünschen,
was mit der Hysterie passiert ist:
seine Abschaffung und Zerlegung
in verschiedene psychopathologische Probleme.

Claas-Hinrich Lammers (Jg. 1962), Professor für Psychiatrie
und Psychotherapie, ärztlicher Direktor der psychiatrischen
Kliniken in der Asklepios Klinik Nord
(in: Narzissmus. Selbstverliebter Westen. 2017, Interview für spektrum.de)

NARZISSMUS

Narzissmus soll so etwas bedeuten wie Selbstgefälligkeit, Rücksichtslosigkeit, egozentrische und beziehungsunfähige Eigenliebe. Dieser Begriff für unschöne Eigenschaften hat eine über hundertjährige Geschichte und ist offenbar tief in das öffentliche Bewusstsein eingedrungen. Aus Psycho-Ratgebern ist er nicht mehr wegzudenken. Google-Suchen erbringen millionenfache Treffer. Viele Menschen halten ihn für tiefgründig und aufklärerisch.
Abgeleitet ist dieses Wort von einem griechischen Mythos, der von dem attraktiven Jüngling Narziss erzählt. Als er sein Spiegelbild in einer Quelle entdeckt, versucht er verzweifelt, es festzuhalten. Dabei stirbt er am Ende. Aus seinem Blut geht die hübsche Narzisse hervor.
Wie kommt es nun, dass aus solch einer Geschichte der Name für ein so hässliches Verhaltensmuster abgeleitet wird? Was genau erzählt dieser Mythos? Wie ist dieses Wort *Narzissmus* konkret entstanden? Was soll es bedeuten, *narzisstisch* zu sein? Ist Narziss selbst *narzisstisch*?

Die (fiktive) Gestalt des Narziss

Die antiken Quellen erzählen, dass der schöne Narziss einerseits am Verlust und Tod geliebter Angehöriger leidet. Andererseits erlebt der 16-Jährige, dass zwei Kerle und eine hohle Nymphe ihm eine erotische Beziehung aufdrängen möchten. Und weil sich Narziss auf diese drei nicht einlässt, üben sie seelische und körperliche Gewalt auf ihn aus. Das ist die Geschichte von Narziss in ihren zwei wesentlichen Facetten. Sein Schicksal illustriert, wie man *an sozialen Beziehungen leiden* kann. Der Jüngling selbst ist dabei ein völlig gesunder, sympathischer, selbstbewusster junger Mann.

Die Erfindung des Begriffes *Narcismus*

Havelock Ellis und Paul Näcke: Der englische Privatgelehrte und Sexualforscher Havelock Ellis prägt 1898 den Begriff »*narzissähnliche Tendenz*«, abgeleitet daraus, dass Narziss so gebannt sein

Spiegelbild betrachtet. Aus dieser Anregung wiederum schöpft der deutsche Psychiater Paul Näcke 1899 den Begriff »*Narcismus*«. Es ist dabei keineswegs identisch, was diese beiden Männer beschreiben möchten. Sie halten immerhin die jeweils gemeinten Phänomene für sehr selten und grenzen sie klar von Homosexualität ab.

Sigmund Freud und seine Verwirrungskunst: Dann treten Sigmund Freud und seine »*psychoanalytischen*«[1] Kollegen auf den Plan. In ihren Händen wird das Konzept *Narzissmus* radikal neu gefasst: Es handle sich um ein häufig anzutreffendes Symptom, das charakteristisch sei für Homosexuelle. In seiner zentralen Abhandlung von 1914 benennt Freud darüber hinaus Schizophrene, Größenwahnsinnige, Kinder, Primitive, Perverse sowie Frauen und Mütter als typische Repräsentanten *narzisstischen* Verhaltens. Die Figur des Narziss aus dem Mythos passt dabei in *keine einzige* dieser Kategorien hinein. Das ist jedoch Freud und seiner Anhängerschaft herzlich egal.

Freud selbst deutet bereits in seiner Abhandlung von 1914 an, dass er seine Ausführungen für nicht besonders überzeugend hält. In einem Brief an Karl Abraham jammert er regelrecht über diese Unklarheiten. Diese Klage wird auch von anderen Autoren bis in die heutige Zeit fortlaufend wiederholt – und gleichzeitig wird erbittert am *Narzissmus* festgehalten. Das ist merkwürdig.

DER ANGEBLICHE *NARZISSMUS* DES NARZISS

In den letzten Jahren haben nun Fachleute mit ihrer Vorstellung von *Narzissmus* den Mythos von Narziss im Detail neu analysiert. Es hat den Anschein, als wollten sie diese berührende, plausible antike Erzählung gewaltsam mit dem modernen Begriff in

1 »*Psych-Analyse*« ist ein von Josef Breuer 1880-1882 entwickeltes Psychotherapie-Konzept (vgl. S. 153f). Breuer hatte mit dieser Methode eine Patientin in kurzer Zeit nachhaltig von gravierenden Symptomen befreit. Sigmund Freud konstruiert daraus sein komplett gegenläufiges Konzept von »*Psychoanalyse*«.

Deckung bringen. Mehr als zwanzig solcher Texte – von AutorInnen aus Deutschland, Österreich, der Schweiz, Frankreich, Griechenland und Amerika – nehme ich hier kritisch unter die Lupe. Dass Narziss sich beispielsweise auf die oben erwähnten Zudringlichkeiten zweier Männer nicht einlassen mag, wird ihm von modernen PsychotherapeutInnen allen Ernstes als *»Beziehungsunfähigkeit«* angerechnet. Dass einer dieser liebestollen, abgewiesenen Bewerber sich das Leben nimmt, wird Narziss angelastet: Er sei schuldig geworden, habe den Verehrer um sein Leben gebracht, müsse sich *»unterlassene Hilfeleistung«* vorhalten lassen. Und dass er am Tod seiner über alles geliebten Zwillingsschwester verzweifelt, das wird ihm gleichermaßen angekreidet, wahlweise als *»depressives«* oder *»inzestuöses«* Verhalten.

FATALE FOLGEN FALSCHER DIAGNOSEN

Dass dem fiktiven selbstbewussten Narziss heute allen Ernstes *Narzissmus* nachgesagt wird, das zeigt, wie leicht bei jemandem – fälschlich! – die darunter gefassten unsympathischen Eigenschaften *»diagnostiziert«* werden können. Bei einer fiktiven Gestalt ist so etwas ja nicht unbedingt tragisch. Ganz anders jedoch bei Menschen aus Fleisch und Blut. Auch hier kann die vermeintliche Diagnose *»narzisstische Persönlichkeit«* recht beliebig vergeben werden – mit womöglich höchst problematischen Folgen:

- Ein *Therapeut* hält – in absurder Logik – seinem Klienten eine *narzisstische Persönlichkeit* vor und lastet damit *ihm selbst* die Schikanen am Arbeitsplatz an, denen er *ausgesetzt* ist. Sein Zustand verschlechtert sich.
- In einem Sorgerechtsstreit argumentiert eine sogenannte Sachverständige auf abstruse Weise die *narzisstische Persönlichkeitsstörung* einer Lehrerin herbei. Die Folge: Das Kind wird der Mutter weggenommen und in ein Heim gesteckt.
- Wenn ein Junge von 8 Jahren miterleben musste, wie man seine ganze Familie vor seinen Augen in einem KZ ermordet hat, darf sein Leben wohl von diesem Trauma überschattet sein.

Eine solche Erfahrung mag wesentlich bestimmen, dass er später gegenüber Frau und Kindern Aggressionen entwickelt. Diese Symptomatik wird jedoch von einem prominenten *Narzissmus*-Experten als Folge seines fehlgeleiteten *primären Narzissmus* diagnostiziert. KZ-Traumata seien demgegenüber vergleichsweise harmlos: Man könne sie, im Gegensatz zu Säuglings-Gier und -Wut, mit ein wenig Unterstützung in 2 bis 3 Jahren gut bewältigen und überwinden.

- Sofern ein Psychotherapeut mit einer Klientin ein sexuelles Verhältnis eingeht, ist das nach deutschem Recht strafbar. Wenn sich die Betroffene nach abruptem Ende der Affäre und radikalem Kontaktabbruch von Seiten des (verheirateten) Therapeuten das Leben nimmt, ist das eine Katastrophe. Das ganze Desaster vermögen Fachleute jedoch mit Heiterkeit dem *destruktiven Narzissmus* des Opfers zuzuschieben.

POLITIKUM

Rainer Mausfeld (2018) hat herausgearbeitet, wie SozialwissenschaftlerInnen und PsychologInnen seit über hundert Jahren im Dienst der Mächtigen das öffentliche Bewusstsein beeinflussen. Mit Begriffsverwirrung und »*Wortvergiftung*« lenken sie das Denken der Massen in gewünschte Bahnen. Auch in der psychotherapeutischen Wissenschaft sind – wie skizziert – Verwirrungen und Verdrehungen fester Bestandteil des begrifflichen Rüstzeugs. Viele Fachleute sind selbst manipuliert. Gerade am Beispiel des *Narzissmus* ist dies gut darstellbar: Die Symbolik der zugrundeliegenden Erzählung erschließt sich geradezu von selbst. Jedoch wird, gegen die offensichtliche Handlungslogik des Mythos, von den AutorInnen neuester Ratgeber- und Fachliteratur das Opfer systematisch zum Täter erklärt.

Ein Konzept wie *Narzissmus* erleichtert das Herrschen in dieser Welt. Opfer von Unterdrückung, Ausgrenzung oder Ausbeutung werden – geradezu zwangsläufig – mehr oder weniger an psychischen und psychosomatischen Symptomen leiden. Mit dem

Segen der psychotherapeutischen *Wissenschaft* werden die Betroffenen jedoch mit einem »*Selbst schuld!*« auf sich zurückgeworfen. In entsprechenden »Therapien« wird sehr rasch und so gut wie ausschließlich nach dem »*eigenen Anteil*« gefragt. Diejenigen, die an den Folgen von Schicksal und Gewalt leiden, bekommen auf diese Weise die Verantwortung für ihre Situation selbst aufgebürdet. Sie müssen sich dann noch ohnmächtiger, noch hilfloser, noch unverstandener fühlen und damit erst recht leiden und krank werden.

Ist Julian Assange ein *Narzisst?*

Hilfreich – jedenfalls für die Mächtigen der Welt – hat sich das Konzept des *Narzissmus* noch in jüngster Zeit erwiesen. Der UNO-Sonderberichterstatter für Folter, Nils Melzer, berichtet über Julian Assange: »[Er] *hatte nur 15 Minuten Zeit, sich mit seinem Anwalt vorzubereiten. Das Verfahren selber dauerte ebenfalls 15 Minuten. (…) Assange hatte während der Verhandlung nur einen Satz gesagt: ›I plead not guilty.‹ (auf Deutsch: Ich plädiere auf nicht schuldig.) Der Richter wandte sich ihm zu und sagte: ›You are a narcissist who cannot get beyond his own self-interest. I convict you for bail violation.‹ (auf Deutsch: Sie sind ein Narzisst, der nur an seine eigenen Interessen denkt. Ich verurteile Sie wegen Verletzung der Kautionsauflagen.)*« Ein Richter will uns anscheinend glauben machen, mit dem Begriff *Narzisst* sei so gut wie alles gesagt. Julian Assange, einen Helden der Menschheit, erklärt er damit willkürlich zu einem Verbrecher.

DAS (FIKTIVE) LEBEN UND STERBEN DES NARZISS

μῦθος [Mythos] *und sein Gegensatz λόγος* [Logos]
bedeuten beide das Wort.
Aber Logos ist das Wort als gedachtes, sinnvolles, überzeugendes. (…)
Mythos aber bedeutet von Anfang an (…)
das Wort von dem, was geschehen ist oder geschehen soll,
das Wort, das Tatsachen berichtet oder
durch seine Aussprache Tatsache werden muss,
das autoritative Wort. (…)
Die alten Mythen wollen also
als volle Wahrheit verstanden und heilig gehalten werden.

Walter F. Otto (1874–1958), deutscher Altphilologe
(in: Mythos und Welt, 1962, S. 268 f)

FUNKTION VON GESCHICHTEN

Seit Jahrtausenden fühlen sich Menschen angesprochen, wenn sie in Bildern, Symbolen, Mythen und Märchen menschliche Grunderfahrungen wie Selbstbehauptung, Verbundenheit, Freundschaft, Liebe, Konflikt, Bedrängnis, Boshaftigkeit, Missgunst, Unrecht, Tod und anderes ausgedrückt finden, die ihrem eigenen Erleben entsprechen. Es ist von reinigender, therapeutischer Wirkung, wenn begleitende Gefühle zum Ausdruck gebracht werden können. Auch der Mythos von Narziss fasst menschliche Grunderfahrungen in Worte und macht sie damit mitteilbar. Er ist psycho-logisch aufgebaut und darf wohl zeitlose Gültigkeit beanspruchen. Der Altphilologe Friedrich Wieseler hat den Mythos 1856 in seinen Facetten dargestellt.

FLUSSGOTT UND QUELLNYMPHE ALS ELTERN

Ovid nennt den Flussgott Kephisos und die Quellnymphe Liriope als Eltern des Narziss. Diesen zwei Wesen, die mit dem Wasser, einem zentralen Element des Lebens, eng verbunden sind, wird ein prächtiger Knabe geboren. Mit Ovids Worten (2018): *»Ein Kind gebar aus dem schwangeren Schoß die wunderschöne Nymphe, das damals bereits man hätt lieben können, und nennt es Narkissus.«*

In frühester Menschheitsgeschichte wurden Schwangerschaften bisweilen auf das Baden in einem Fluss zurückgeführt. Zu alten Hochzeitsbräuchen gehörte es, der Braut ein rituelles Bad zu bereiten. Dem Wasser beziehungsweise dem Baden wurde also eine wichtige Rolle bei der Entstehung des Lebens beigemessen. In einer spärlich mit Wasser versorgten Gegend wie Griechenland wird ein Fluss vermutlich per se als lebensspendend verstanden worden sein.

Narziss – Produkt einer *Vergewaltigung?*

Ovid spricht davon, dass Vater Kephisos der Mutter Liriope … *»vim tulit«*. Was aber bedeutet »vim tulit«? Wörtlich lässt es sich übertragen mit: »hat (der Liriope) seine Kraft, Stärke geweiht, angetragen«. Im Allgemeinen wird dieser Ausdruck jedoch mit *»hat vergewaltigt«* übersetzt. Diese Begrifflichkeit, die für uns moderne Menschen ein klares Verbrechen bezeichnet, wird – wie ab S. 33 ausführlicher dargelegt – meines Erachtens der Absicht des Ovid nicht gerecht. Jedoch nehmen heutige PsychologInnen diese Interpretation gerne zum Anlass, auf ein von Anfang an problematisches und missratenes Leben des Narziss zu schließen.

Das Vater-Sohn-Verhältnis

Im Original-Mythos wird gesagt, dass Narziss seinen Vater *sucht*. Also hat er ihn wohl irgendwie vermisst. Und an der Stelle, an der Ovid den Narziss als 16-Jährigen vorstellt, nennt er ihn »*Cephisius*«, also den zu Kephisos Gehörigen. Sein Vater ist – typisch für eine patriarchale Welt – sehr bedeutsam für Narziss. Das passt PsychologInnen nicht so recht ins Konzept. Für sie ist Kephisos als Vater zu wenig präsent gewesen.

Mutter Liriopes Sorge

Mutter Liriope hatte bei der Geburt des Narziss den Seher Teiresias gefragt, ob ihrem Sohn denn vergönnt sei, ein hohes Alter zu erreichen. Diese positiv zu deutende Geste der Liriope wird von PsychologInnen – mir nichts, dir nichts – ins Gegenteil verkehrt: Hierin komme ein versteckter »*Todeswunsch*« und eine unterschwellige Feindseligkeit der Mutter gegenüber ihrem Kind zum Ausdruck. Ihr wird unterstellt, sie sei – als vergewaltigte, überforderte Alleinerziehende – mit ihrem Kind von Beginn an unangemessen umgegangen. Davon später mehr.

DER TOD DES NARZISS

Verlust der Zwillingsschwester (1)

Pausanias (2. Jh.) schreibt: »*Im Gebiet der Thespier gibt es eine* donakon *(Röhricht) genannte Stelle, wo die Quelle des Narkissos liegt. (…) Narkissos soll eine Zwillingsschwester gehabt haben, die ihm in ihrem Äußeren völlig glich. Beide hätten das Haar in gleicher Weise getragen, hätten die gleiche Kleidung angezogen und seien miteinander zur Jagd gegangen. Narkissos sei in seine Schwester verliebt gewesen; aber als das Mädchen starb, sei er immer wieder zu dieser Quelle gegangen und habe zwar gewusst, dass er auf sein eigenes Abbild blicke, doch habe es ihm trotzdem eine Erleichterung in seiner Liebe verschafft, da er sich vorstellte, er sehe nicht sein eigenes, sondern seiner Schwester Bild.*« Diese Version mit der Zwillingsschwester ist für mich besonders markant. Geschwister, die sich seit dem Mutterleib kennen, haben oft eine lebenslange intensive Bindung. Wenn eines der beiden stirbt, insbesondere, wenn es in jungen Jahren geschieht, ist das für den übrig gebliebenen Zwilling mit entsprechend großem Schmerz und tiefer Trauer verbunden.

Suche nach dem Vater (2)

Wieseler: »*Ein römischer Dichter leitet den Umstand, dass Narkissos sich im Wasser erblickte, daher ab, dass dieser, der als Sohn eines Flussgottes die Quellen hoch gehalten, seinen Vater im Wasser gesucht habe. Ein anderer führt, ohne von dem Letzteren zu wissen, nur sein stetes Umherschweifen in den Wäldern und seine Liebe zu den heiligen Quellen in ihnen als Grund dafür an.*« Narziss »sieht« also wohl in dieser Variante in seinem Spiegelbild den Vater.

Suche nach der Mutter (3)

Vibius Sequester (4./5. Jh.) berichtet, dass die Quelle, in der Narkissos sich erblickte, nach Liriope – seiner Mutter – benannt gewesen sei. Folglich »erkennt« Narziss hier also wohl in seinem Spiegelbild die Mutter und will diese – vergeblich – festhalten.

Sich selbst bewahren wollen (4)

Ovid beschreibt ausführlich, wie Narziss an seinem eigenen Spiegelbild im Wasser Gefallen findet und es festzuhalten versucht. Im Zusammenhang mit den ersten drei Versionen verstehe ich dieses Verhalten als den verzweifelten Versuch, *sich selbst* festhalten zu wollen. Das heißt: Narziss ist sich seiner eigenen Endlichkeit bewusst und leidet daran. Unterstrichen wird diese Deutung durch die beiden prägnanten, besonders vergänglichen Merkmale des Narziss: Schönheit und Jugend. Der Griff ins Wasser nach dem Bild von sich selbst, bei dem er am Ende vor Verzweiflung stirbt, veranschaulicht also die Unaufhaltbarkeit seines eigenen verrinnenden Lebens.

Nervtötende Echo (5)

Die Nymphe Echo kann, wie ihr Name schon verrät, nur nachplappern, was andere gerade gesagt haben. Die Göttin Hera hatte ihr dies als Strafe auferlegt. Denn Echo hatte sie zuvor des Öfteren in lange Gespräche verwickelt, um sie abzulenken, damit Heras Göttergatte Zeus mit irgendwelchen Nymphen ungestört seinen Seitensprüngen nachgehen konnte. Mit der Treue nimmt es diese Echo also offenbar nicht so genau.

Ein Monolog mit Echo: Echo selbst verliebt sich eines Tages in Narziss und verfolgt ihn. Dieser ist gerade mit Freunden zur Jagd im Wald unterwegs. Hier kommt es zu folgender Begegnung: Narziss hat die Freunde aus den Augen verloren und ruft nach ihnen. Der Monolog mit Echo:

Narziss:	Ist denn jemand hier?
Echo:	… hier?
Narziss:	Komm!
Echo:	… komm!
Narziss:	Was fliehst du vor mir?
Echo:	Was fliehst du vor mir?
Narziss:	So wollen wir hier uns vereinen! (»*coeamus*«)
Echo:	… uns vereinen!
	(wirft sich dabei dem Narziss an den Hals)
Narziss:	Ich sterbe eher, als dir ich gehöre!
Echo:	… dir ich gehöre!

»Coitus« mit Echo? Narziss wird zunächst von/m Echo getäuscht, glaubt also, etwas von den Kameraden zu vernehmen. Bei seinem *»coeamus«* hofft er auf das Wiedersehen mit den Freunden. Bei Echo ist das *»coeamus«* – von *coire* = zusammenkommen – jedoch durchaus als sexuell gemeinter *Coitus* zu verstehen: Ihre körperliche Zudringlichkeit unterstreicht, dass sie Narziss am liebsten auf der Stelle vernaschen möchte. Wer aber kann dem Jüngling verübeln, dass er dieses Angebot mit Bestimmtheit ablehnt? Nach der kurzen Unterredung mit ihr ist ihm klar, dass er mit dieser hohlen Echo nichts zu tun haben will. Es fehlt jede Resonanz eines eigenständigen Gegenübers. Weil er selbst Beziehung ernst nimmt, lässt er sich kein bisschen auf ihr Angebot ein, noch nicht einmal auf eine kleine Affäre. Darin sehe ich einen weiteren Beleg für seine Beziehungs*fähigkeit*.

Echos Gekränktheit: Echo hatte wohl gedacht: »Wenn *ich* Narziss liebe, dann muss *er* mich doch auch lieben!« Als Narziss nicht wie ein bloßes Echo reagiert, ist sie tief gekränkt. Sie siecht vor sich hin, nimmt immer mehr ab und wird zur bemitleidenswerten Gestalt. Am Ende bleibt nur noch ihre Stimme als Echo in den Bergen zurück. Womöglich will sie Schuldgefühle bei Narziss auslösen, quasi die letzte Hoffnung auf ein Echo: »Wenn es mir schon schlecht geht, dann soll es dir auch schlecht gehen, dann sollst du wenigstens Schuldgefühle haben!« Echo erträgt die selbstbewusste Reaktion des anderen nicht. *Sie* ist hier diejenige, die *Egozentrik* und *Beziehungsunfähigkeit* beweist.

Narziss lässt sich jedoch von ihrem Beleidigtsein nicht beeindrucken, geschweige denn umstimmen. Es gibt keinen vernünftigen Grund für ihn, sich auf dieses aufdringliche Beziehungsangebot einzulassen. Am Ende fällt er aber doch ihrer Schuldgefühl-Strategie zum Opfer. Denn ihm wird die Verantwortung für das Siechtum von Echo zugeschoben. Die Göttin von Rhamnus (= Nemesis; vgl. S. 40 f) nimmt dies unter anderem zum Anlass, Narziss zu bestrafen. Die meisten hier zitierten PsychologInnen stehen fest auf der Seite von Nemesis: Sie fordern in aller Regel, dass sich Narziss auf Echo hätte einlassen sollen.

Mangelnde Einfühlung: Psychologisch gesehen zeigt Echos Verhalten, ihr plumpes Nachplappern, dass sie sich selbst nicht wahrnehmen kann. Sie ist nicht achtsam für ihre eigenen Bedürfnisse, die sie folglich auch nicht zum Ausdruck bringen kann. Zu ihrer Leidensgeschichte gehört mutmaßlich, dass jemand von ihr – wohl bereits als Kind – verlangt hat, sich vollkommen an andere anzupassen, eigene Interessen zu verleugnen. So wenig wie sie ihre eigenen Bedürfnisse wahrnimmt, so wenig kann sie auch die Bedürfnisse ihres Gegenübers wahrnehmen und respektieren.

Penetranter Ameinias (6)

Konon (1. Jh.) erzählt: »*In Thespeia in Böotien lebte Narkissos, ein sehr schöner Knabe und Verächter des Liebesgottes sowie der Liebhaber. Die anderen Liebhaber nun gaben ihr Lieben auf; aber Ameinias blieb beharrlich und bat inständigst. Als jener ihn aber nicht annahm, sondern ihm sogar ein Schwert schickte, entleibte er sich vor der Tür des Narkissos, nachdem er den Gott oftmals angefleht hatte, ihm Rächer zu werden. Narkissos aber, nachdem er sein Gesicht und seine Gestalt an einer Quelle mit Ähnlichkeit im Wasser erscheinend erblickt hat, wird allein und in seltsamer Weise sein Liebhaber. Endlich entleibt er, rat- und hilflos und dafür haltend, dass er gerecht leide für seinen Übermut in Betreff der Liebesneigung des Ameinias, sich selbst. Und seitdem haben die Thespienser beschlossen, den Liebesgott mehr zu verehren und ihm außer dem gemeinschaftlichen Dienste auch ein jeder für sich Opfer darzubringen.*«

Darf Narziss den Ameinias abweisen? Ameinias meldet seine Beziehungsbedürfnisse »*beharrlich*« bei Narziss an. Er glaubt anscheinend ebenso wie die Nymphe, mit seinem Liebeswerben Anspruch auf ein entsprechendes Echo zu haben. Abgesehen davon, dass Narkissos gerade 16 Jahre jung ist, hat er womöglich generell keinen Spaß an Homosexualität. (Das soll nicht Homo-

sexualität an sich negativ bewerten.) Narziss könnte sogar durchaus selbst homosexuell sein, aber an Ameinias einfach keinen Gefallen finden. Auch in solch einem Fall darf ihm die Aufdringlichkeit eines Bewerbers einfach auf die Nerven gehen. So schickt er ihm ein Schwert – zur Bedeutung dieser Geste gleich mehr. Mit diesem Schwert nimmt sich Ameinias das Leben.
Selbst dann, wenn der 16-jährige Narziss durch sexuelle Enthaltsamkeit aufgefallen sein sollte: Vielleicht wollte er sich mit einer Partnerschaft noch Zeit lassen. Vielleicht hatte er sich aber auch schon in jemanden verguckt, ohne dies an die große Glocke zu hängen. Jene aber, die nicht zum Zuge kamen, warum auch immer, diffamierten ihn als »*Verächter des Liebesgottes*«, um ihn moralisch unter Druck zu setzen. Von Ameinias bekommt er ausdrücklich die Schuld an dessen Freitod aufgebürdet.
Erpressung zu einer Beziehung: In meiner Praxis hat mir eine Betroffene einmal von einer ähnlichen Erfahrung berichtet. Ein 18-jähriger Gymnasiast wollte die damals 17-Jährige mit Suiziddrohungen dazu bringen, auf sein »Liebeswerben« – sprich: seine Erpressung – einzugehen. Die junge Frau blieb standhaft und gab dem Begehren ihres Mitschülers nicht nach. Daraufhin verschwand der junge Mann für mehrere Monate. Ein Förster fand schließlich seine sterblichen Überreste im Wald. Es war eindeutig Freitod. Das zog der jungen Frau komplett den Boden unter den Füßen weg. An ihr Abitur konnte sie nicht mehr denken. Ihre Verzweiflung kompensierte sie mit Drogen. Monate verbrachte sie in der Psychiatrie. Aus diesen Erfahrungen sind eine Fülle von Traumatisierungen mitsamt dysfunktionalen Reaktionsmustern zurückgeblieben. Das ganze Geschehen mit all seinen Folgewirkungen überschattet noch nach Jahrzehnten ihr Leben.
Genau so verstehe ich die Reaktion des Narziss bei Konon. Überwältigt von der vermeintlichen Schuld verzweifelt er so sehr, dass er sich selbst verletzt und am Ende das Leben nimmt. Das ist von der Psychodynamik her stimmig erfasst. Narziss ist dabei nicht Täter, sondern eindeutig Opfer.

Zusendung eines Schwertes: Nach Harald Patzer ist im antiken Griechenland die Knabenliebe Bestandteil einer Art Initiation. Im Kontakt zu einem erwachsenen Krieger, bei dem eine erotische Beziehung eingeschlossen war, sollte ein Jüngling zum vollwertigen Mann heranreifen. In Sparta war ein erwachsener Krieger verpflichtet, sich eines Jugendlichen anzunehmen. Für Kreta sei verbürgt, dass ein Knabe nach einem festen Ritus in die Obhut eines Kriegers kam: Der ältere Krieger machte dem Jugendlichen, den er ausbilden wollte, zunächst Geschenke in Form militärischer Ausrüstung. Lehnte dieser die Geschenke ab, wies er den Bewerber – und das erotische Ansinnen – zurück.
In diesem Zusammenhang gesehen: Mit der (Rück-)Sendung des überreichten Schwertes unterstreicht Narziss die Ablehnung einer engeren Beziehung zu Ameinias. Dessen Ansinnen, mit dem schönen Narziss Knabenliebe zu praktizieren, erteilt das Objekt der Begierde in kodifizierter Art und Weise eine Absage. Es war damit keineswegs eine Aufforderung zum Selbstmord gemeint. Diesen setzt Ameinias jedoch demonstrativ in Szene und fleht im Sterben, ein Gott möge ihn rächen. Bei Ovid übernimmt es nun die Göttin Nemesis, diesen Wunsch zu erfüllen.
Vom Opfer zum Täter: Die altgriechische Initiation zum Krieger würden wir heute wohl als gesellschaftlich gebilligte sexualisierte Gewalt gegen männliche Jugendliche bezeichnen. Die Jungen konnten der mehr oder weniger intimen Obhut eines Mannes zwar nicht entgehen, allerdings unter den zur Verfügung stehenden Kandidaten wählen. Vermutlich war Ameinias selbst seit seiner Kindheit an die Missachtung seiner körperlichen Selbstbestimmung gewöhnt. Indem er nun gegenüber Narziss so aufdringlich wird, überträgt er wahrscheinlich die am eigenen Leib erlebten und somit erlernten Verhaltensmuster. Als er abblitzt, stellt er Narziss, das Opfer seiner Nachstellungen, als Täter hin. Leider ist diese Opferbeschuldigungsstrategie viel zu oft erfolgreich.

Gnadenloser Ellops (7)
Von Probus (1. Jh.) beziehungsweise Pomponius Sabinus (1. Jh.) ist die letzte Variante überliefert, die Wieseler folgendermaßen referiert: »*Ganz abweichend dagegen ist folgende Nachricht des Grammatikers Probus: ›Die Blume Narkissos hat, wie Asklepiades berichtet, ihren Namen von Narkissos, dem Sohne des Amarynthos (...) nachdem er von dem Ellops (?) getötet war, brachte er aus seinem Blute die Blumen hervor, welche seinen Namen tragen.‹ (...) Endlich scheint auch in der Sage bei Probus, nach dem Zusatze des Pomponius Sabinus, dass der Mörder des Narkissos ein Liebhaber desselben gewesen, zu schließen, der Tod des Jünglings als Folge verschmähter Liebe gefasst zu sein.*« Diese Version, die Wieseler für »*ganz abweichend*« hält, unterstreicht meines Erachtens nur die Logik der Geschichte aus Version 5 und 6. Narziss erleidet tödliche Gewalt durch den verschmähten Liebhaber Ellops, dessen Begehren er ablehnt.

ZWEI SEITEN EINER MEDAILLE

Losgelöst von seiner Vorgeschichte erzählen also insgesamt sieben antike Mythos-Varianten vom Sterben des schönen Narziss. Ich selbst teile sie in zwei Klassen ein, die die zwei Seiten von ein und derselben Medaille abbilden: die zwei Möglichkeiten, an sozialen Beziehungen zu leiden.

Seite 1 – Verlust geliebter Menschen

Vergeblicher Griff ins Wasser: Was für die Zwillingsschwester ausdrücklich beschrieben ist, soll wohl auch für seine Eltern angedeutet sein. Narziss sucht sie, hat sie also offenbar verloren, womöglich durch den Tod. In diesem Zusammenhang wird von seiner »*Liebe zu den heiligen Quellen*« gesprochen. Als Sohn einer Quellnymphe und eines Flussgottes ist es durchaus nachvollziehbar, dass Narziss bei der Suche nach den Eltern mal einen Blick in eine Quelle wirft. Und da sieht ihm dann ein Gesicht entgegen. Der vergebliche Griff nach diesem Spiegelbild im Wasser symbolisiert also in dieser ersten Klasse von Versionen, dass Narziss geliebte Angehörige, die ihm ähnlich sehen, verzweifelt festhalten will. Das wiederum qualifiziert ihn als einen beziehungs*fähigen* Menschen. Auch das Hadern mit der Endlichkeit der eigenen unverwechselbaren, einmaligen Existenz belegt sein funktionierendes Selbst-Bewusstsein.

Das Spiegelbild im Wasser als Zeichen eines bevorstehenden Todes: Nach Wieseler herrschte in der Antike die Vorstellung, dass das Wahrnehmen des eigenen Spiegelbildes im Wasser den eigenen Tod oder den Tod naher Angehöriger ankündigen würde. Da wir früher oder später zwangsläufig erleben werden, ein uns ähnlich sehendes, eng verbundenes Familienmitglied und/oder uns selbst zu verlieren, ist dieser Satz im Grunde immer wahr. Das *nicht festzuhaltende* Spiegelbild im Wasser vermag den Menschen beim Betrachten an diese Wahrheit zu erinnern.

Sprödigkeit und Erstarrung: In anderem Zusammenhang schreibt Wieseler: »*Den Alten im Allgemeinen gilt Narkissos als Repräsentant harter Sprödigkeit, eitler oder kalter Selbstliebe, aber auch lobenswerter Enthaltsamkeit.*« Er gibt diese Sichtweise der »*Alten*« auf die angebliche Sprödigkeit und kalte Selbstliebe des Narziss zwar wieder, im weiteren Verlauf lässt er jedoch erkennen, dass er – abgesehen von der »*lobenswerten Enthaltsamkeit*« – deren Sichtweise nicht für plausibel hält. Wieseler weiß ja um das enge Verhältnis des Narziss zu seinen Eltern und seiner Zwillingsschwester. So arbeitet er vielmehr dessen Bezug zu Schlaf, Vergänglichkeit und Tod heraus und betont dies als den zentralen Aspekt des Mythos. Für Wieseler ist Narziss ein »*Dämon des Schlafs oder Todes*«. Dem Eros – verstanden als »*die in Liebe vereinigende Kraft, welche in der Natur Leben hervorbringt*« – stehe Narziss wegen seines Bezugs zu dem »*in kalter Gleichgültigkeit erstarrenmachenden oder auflösenden Tod in der Natur*« als »*Gegenpart*« gegenüber.

Narzisse und Narkose: Wieseler geht davon aus, dass die Eigenschaften des Narziss durch die Eigenschaften der Narzisse angeregt sei. Die Ähnlichkeit der Worte Narzisse, Narkissos und Narkose komme nicht von ungefähr. Der Geruch der Narzisse habe »*narkotische Wirkung* [gehabt], *in* [...] *Unempfindlichkeit versetz*[t]«. »*Der Name des Wesens* [ist] *auch der des Symbols dieses Wesens. Dieser Name hängt ohne Zweifel mit* νάςκη[2], ναςκᾶν *zusammen, Wörtern, die in der griechischen Sprache hauptsächlich von den Wirkungen des Frostes, des Schreckens, der Ohnmacht, des Todes gebraucht werden. Dass die Narzisse diesen Namen von ihrer betäubenden Kraft habe, wird mit Recht allgemein angenommen.*« Die Narzisse enthält das für Menschen und Tiere giftige Alkaloid Lycorin, konzentriert vor allem in der Blumenzwiebel.

Rückkehr zum Ursprung des Lebens im Tod: Narziss stirbt am Ort seines Ursprungs: an einer Quelle. Liebe, Zeugung, Geburt und Tod sind von der Natur der Sache her eng miteinander verknüpft. Die Gegensätze von Leben und Liebe auf der einen Seite, und dem Tod auf der anderen Seite, gehören unausweichlich zueinander. Gerade der Tod Jugendlicher wird dabei stets als besonders tragisch empfunden – eine Parallele zur Narzisse, die besonders schön ist, aber schon sehr früh im Jahresverlauf wieder zugrunde geht, wie Wieseler unterstreicht. Tatsächlich sei Narziss oft auf antiken Grabmälern dargestellt worden. Die Narzisse, die nach seinem Tod aus ihm hervorgegangen sein soll, galt den Griechen als Blume der Unterwelt und war Persephone, der Göttin der Unterwelt, geweiht.

Seite 2 – Aufdringlichkeit ungeliebter Menschen

Narziss wird beschrieben als 16-jähriger Jüngling, auf der Schwelle vom Knaben zum jungen Mann. Sowohl junge Männer als auch junge Frauen hätten ihn *begehrt*. Es kommt in den Texten deutlich zum Ausdruck, dass es hier um *sexuelle Wünsche* geht. Narziss erteilt diesen Bewerbern und Bewerberinnen mit ihren jeweiligen Absichten eine unmissverständliche Abfuhr. Der Wunsch, sich seine Intimkontakte selbst auszusuchen, ist ja nun wohl keineswegs unberechtigt – *oder*?

2 *νάςκη* (narke) = Tiefschlaf, Erstarrung; *ναςκᾶν* (narkân) = erstarren, erlahmen

Der Jüngling ist deswegen ja nicht ungesellig. Ovid erzählt zum Beispiel, dass Narziss sich mit Freunden auf der Jagd befindet, als ihn die Nymphe verfolgt. In einer anderen Erzählung ist von einem innigen Verhältnis zu seiner Zwillingsschwester die Rede. Auch der Kontakt zu seinen Eltern macht – soweit erkennbar – einen entspannten und ausgeglichenen Eindruck. Was ist verkehrt daran, wenn ein 16-Jähriger *nicht* mit aller Welt eine leidenschaftlich-erotische Verbindung eingehen will? Soll er etwa, nur weil er so schön ist, für alle verfügbar sein?

Drei Menschen ertragen jedoch die Abfuhr des Narziss auf ihre Beziehungswünsche *nicht*. Sie reagieren mit psychischer oder körperlicher Gewalt. Echo und Ameinias setzen demonstrativ ihr Liebesleid in Szene, was dann von Nemesis in eine tödliche Bestrafung umgemünzt wird. Ellops bringt Narziss eigenhändig um sein Leben. Narziss gerät unter diesen Druck, weil er sich selbstbewusst abgrenzt und *nicht* das macht, was andere von ihm erwarten.

NARZISS ALS PROBLEMFALL?

In meiner Tätigkeit als Psychotherapeut begegnen mir fast täglich Menschen, die ähnliche Erfahrungen machen mussten wie Narziss. Eventuell hat sie der Tod eines Bruders, einer Schwester oder eines Elternteils ziemlich aus der Bahn geworfen. Oder sie bekamen Schuldgefühle vermittelt, weil das eigene Verhalten nicht den Erwartungen anderer entsprach. So etwas führt leicht zu einer Traumatisierung. Nicht die Menschen, die das erleiden, sind verrückt, sondern das Schicksal, das sie erlitten haben.

Narziss wird – nach Ovid – für das bestraft, was er zuvor getan hat. Und eben das, was er zuvor getan hat, ist das Wesentliche in seinem Leben. Er hatte kein Verlangen danach, sich auf die sexuellen Beziehungsangebote von Hinz und Kunz einzulassen. Das kann ja niemals ernsthaft der Grund für eine *Bestrafung* gewesen sein. Vielmehr darf man über diesen merkwürdigen Widerspruch – Bestrafung für eine Selbstverständlichkeit – ins gedankliche Stolpern geraten und auf Ovids ironische Absicht schließen.

SELBST-BEWUSSTSEIN ALS STÖRFAKTOR

Verschiedene Herausgeberinnen folgen den Spuren, die Narziss in Literatur und Kunst hinterlassen hat – von der Antike über das Mittelalter bis in die heutige Zeit. Sie belegen, dass in der Selbst-Betrachtung beziehungsweise der Selbst-Liebe des Narziss von alters her etwas Negatives gesehen wurde. Nun lässt sich fragen, woher diese Bewertung rührt.
Meine Interpretation: In vergangenen Jahrhunderten ist es undenkbar, dass Menschen sich ihre Gutsherren, Arbeitgeber, Pastoren, Landesherren, Kaiser oder Könige selbst wählen könnten. Für die damalige Obrigkeit ist es anmaßend und überheblich, sich Beziehungen selbst aussuchen zu wollen. Deshalb wird in diesen Zeiten das selbstbewusste Auswählen von Beziehungen bei Narziss diskreditiert und die Bestrafung wegen seiner angeblichen Vermessenheit gutgeheißen.

Gefühlsduselei

Dass die Beherrschten sich eigene Gedanken machen, dass sie eigene Bedürfnisse erkunden und zum Ausdruck bringen, dass sie selbst-bewusst und selbst-sicher auftreten, das liegt *nicht* im Interesse der Herrschenden. Will ein Herrscher beispielsweise in einen Krieg ziehen und die Soldaten und ihre Angehörigen wollten sich den zwangsläufigen Schmerzen, Strapazen und Gefahren verweigern, würde das die Reibungslosigkeit der Herrschaft bedrohen. In autoritären Gesellschaften werden deshalb ganz generell Gefühle, die ein persönliches, spontanes Empfinden zum Ausdruck bringen, als Störfaktoren betrachtet: »Sich selbst zu lieben ist schlecht! Von Selbst-Erkenntnis in Bezug auf eigene Bedürfnisse ist abzuraten! Der Ausdruck von Trauer und Sehnsucht in Bezug auf geliebte Angehörige ist Gefühlsduselei! Seid nicht so emotional! Schaltet gefälligst die Vernunft ein! Folgt den Anweisungen von oben! Seid nicht überheblich, anmaßend oder eigensinnig!« Das schließt nicht aus, dass staatstragender Pathos wie Vaterlandsliebe, Heldenkult und Gehorsam gefördert werden.

Vorauseilender Gehorsam

Widerspruch gegen propagierte Herrschafts-Prinzipien wird traditionell wie »Majestätsbeleidigung« sanktioniert. Nachdem der berühmte Ovid verbannt worden war, dürften andere Autoren wohl noch vorsichtiger in ihrem Schreiben geworden sein. Man orientiert sich in vorauseilendem Gehorsam an den Interessen der Mächtigen. Solche Mechanismen werden auch in der Erziehung wirksam. So paradox es klingt: Gerade dann, wenn es Eltern mit ihren Kindern »gut« meinen, sind sie eventuell dazu verleitet, ihnen schon früh die von der Herrschaft gewünschte Ideologie einzuimpfen. Denn die Kinder sollen ja später einmal keine unnötigen Schwierigkeiten bekommen.

Böse Demokratie

Insofern ist die in den letzten Jahrzehnten ansatzweise aufgekommene Demokratisierung vieler Gesellschaften ein gewisser Störfaktor. Sie war zwar womöglich gut genug, in etlichen Teilen der Welt für Unruhe und Neuordnung der Machtverhältnisse zu sorgen, wird aber von den Mächtigen wohl nicht um ihrer selbst willen geschätzt. Selbst-bewusste, gut ausgebildete, kritische, selbst-bestimmte BürgerInnen sind *nicht wirklich* erwünscht. Über Jahrhunderte hatte es vielmehr Tradition, Selbst-Bewusstsein, Eigeninteresse oder Stolz als etwas Negatives, gar Böses darzustellen.

Übrigens: Das Wort *böse* leitet sich ab von dem norwegischen *bause*, was so viel bedeutet wie *Beule*, *geschwollen* und – über die geschwollene Brust – auch *stolz*. *Stolze* BürgerInnen sind also *bause*. Und da das bei den Mächtigen womöglich nicht so besonders gut ankommt, erhält das Wort *böse* im Laufe der Zeit seinen eindeutig negativen Beigeschmack.

Im nächsten Kapitel etwas mehr zu den Besonderheiten des Mythos bei Ovid und über diesen *bösen* römischen Autor selbst.

OVID

Von feinem Witz zeugt auch die Ironie,
bei der man anders redet, als man denkt,
nicht in dem (...) Sinne, dass man das Gegenteil sagt (...),
sondern in gespieltem Ernst des ganzen Stils der Rede,
wobei man anders denkt, als man redet.

Markus Tullius Cicero (106 v.u.Z.–43 v.u.Z.), römischer Politiker, Anwalt, Schriftsteller und Philosoph, der berühmteste Redner Roms und Konsul im Jahr 63 v.u.Z.
(in: De Oratore – Über den Redner, Buch II, Absatz 269)

Ovid wurde im selben Jahr geboren, in dem Cicero ermordet wurde. Er hat wohl das von Cicero beschriebene Prinzip in seine *Metamorphosen* einfließen lassen. (K. S.)

Durch den römischen Dichter Ovid (43 v.u.Z.–17 n.u.Z.) hat die Erzählung von Narziss wohl die größte Bekanntheit erlangt. In den *Metamorphosen*, entstanden in den Jahren 1 bis 8 n.u.Z., bereitet dieser Autor mythologische Stoffe auf, in denen es zu Verwandlungen kommt. So bleibt beispielsweise die Nymphe als gestaltloses Echo in den Bergen zurück, und aus Narziss geht am Ende die Narzisse hervor. In der Fassung dieses Autors sind einige Details besonders bemerkenswert.

»VIM TULIT« = »HAT VERGEWALTIGT«?

Zur Zeugung des Narziss heißt es bei Ovid kurz und knapp, dass *»Cephisus die blaue Liriope einstmals in der Flusskrümmung umschlungen und der in seinen Wellen Eingeschlossenen … vim tulit.«* Das Wort *vis* (Akkusativ: *vim*) bedeutet *Gewalt, Kraft, Stärke*. Das *tulit* ist grammatikalisch die 3. Person Singular Indikativ Perfekt von *ferre*, wobei *ferre* folgende Bedeutungen haben kann: *tragen, ertragen, bringen, schenken, jemandem etwas entrichten, weihen, darbringen, antragen, anbieten, einbringen, hervorbringen, erzeugen. Tulit* heißt also: *er (sie, es) hat getragen, angetragen, entrichtet, geweiht, dargebracht, …*

Allerdings wird der Ausdruck *vim (af)ferre* gemeinhin mit *Gewalt antun, vergewaltigen* übersetzt. Verschiedene altphilologische Experten haben mir gegenüber dies als korrekte Übersetzung ausdrücklich bestätigt. Angesichts des breiten Bedeutungsspektrums von *vis* und *ferre* scheint mir jedoch eine vorschnelle Verbindung zu der heutigen Vorstellung von einer Vergewaltigung problematisch zu sein. Gerade Ovid ist bezüglich der *vis* in der erotischen Welt recht zwiespältig, sofern er sich nicht sogar auch in diesem Zusammenhang ironisch verstellt.

In der jüngeren psychologischen Literatur zum *Narzissmus* dient die Fixierung auf eine vermeintliche *Vergewaltigung* (im heutigen Sinne) bei der Zeugung des Narziss jedenfalls dazu, weitreichende Spekulationen über dessen problematische Kindheitserfahrungen anzuknüpfen. Hieraus wird zum Beispiel häufig auf

»VIM TULIT« = »HAT VERGEWALTIGT«?

zerrüttete Familienverhältnisse und die Abwesenheit des Vaters geschlossen.

vir, vis, vita – Mann, Kraft, Leben

Zwischen den Wörtern *vir = Mann, vis = Gewalt, Kraft* und *vita = Leben* besteht ein enger Bezug. Das mag damit zusammenhängen, dass Männer sich in patriarchalen Kulturen eine ganz besonders wichtige Rolle beim Hervorbringen des Lebens beigemessen haben. So gibt es in circa 2.500 Jahre alten Bühnenstücken Athens das Bild von dem Mann, der seinen Samen in die Ackerfurche der Frau legt und damit – als gewissermaßen zentrale Instanz – neues Leben allein aus sich selbst hervorbringt. Frauen haben hiernach nur die Funktion eines Brutkastens und tragen nichts Eigenes zu einem Kind bei. Eine solche männliche Selbstüberschätzung herrscht in manchen Kulturen bis heute vor.

Gegensätzlichkeit in alten Begriffen

Etliche Fremdwörter klingen für unsere heutige Ohren nach Spannung oder Konflikt. So zum Beispiel Aggression, Arroganz, Konkurrenz und Rivalität. Ursprünglich – im Lateinischen – haben diese Worte jedoch eine äußerst vielschichtige, mitunter geradezu gegensätzliche Bedeutung:

- ***Aggression*** leitet sich ab von *aggredi = an etwas herangehen, an jemand herantreten.* Das ist keineswegs nur gewalttätig gemeint, sondern kann – noch 1907 – eine briefliche Anfrage bedeuten.
- ***Arroganz*** leitet sich ab von *arrogans = anspruchsvoll.* Ein hoher Anspruch mag zwar zu Hochnäsigkeit führen, kann aber auch mit Bescheidenheit einhergehen.
- ***Konkurrenz*** leitet sich ab von *concurrere = zusammen laufen.* Das meint einerseits den gemeinsamen Wettlauf, andererseits auch das gleichzeitige, übereinstimmende Laufen von zwei Rädern an der Achse eines Wagens. *Concurrence* heißt im Englischen *Übereinstimmung.*

- ***Rivalität*** leitet sich ab von *rivus = der Bach,* meint also ein bachnachbarschaftliches Verhältnis. Das kann zwar Streitigkeiten wegen der Wasserrechte bedeuten, aber auch ein friedliches Neben- und Miteinander.

Alte Begriffe bewerten also ein bestimmtes Verhalten nicht per se als gut oder schlecht, falsch oder richtig. Dies ist von den jeweiligen Umständen abhängig. Insofern mag in der Antike bei dem Begriff *vim (af)ferre* sowohl an eine schwer zu bestrafende Vergewaltigung gedacht worden sein als auch an eine – vielleicht der Paarung im Tierreich vergleichbare – triebgesteuerte Darbringung von sexueller Lebenskraft, die der Arterhaltung dient.

Beziehungsgeschichten in Ovids *Metamorphosen*

Wenn Männer vergeblich eine Frau begehren: Eventuell stößt das Begehren eines Mannes nicht auf entsprechende Resonanz. Die Bergnymphe *Daphne* lehnt die Zudringlichkeiten des Gottes *Apollo* ab und entgeht ihnen nur dadurch, dass ihr Vater, ein Flussgott, sie in einen Lorbeerbaum verwandelt. Der Gott des Gedeihens und des Wandels, *Vertumnus*, wirbt in vielerlei Erscheinungen – zunächst erfolglos – um die Gunst der Nymphe *Pomona*, die Obstanbau betreibt. Am Ende heißt es über *Vertumnus* lapidar: *»Er will ihr Gewalt tun. Doch ist Gewalt nicht nötig«* – denn *Vertumnus* zeigt sich nun *Pomona* in seiner eigentlichen Gestalt, von der die Nymphe höchst angetan ist. *Annaxarete*, eine junge Frau aus vornehmem Geschlecht, wird von *Iphis*, einem *»Mann von niederer Abkunft«*, hartnäckig, aber vergeblich umworben. Am Ende erhängt er sich an einem Baum vor ihrem Haus. Als *Annaxarete* einen Blick auf den Trauerzug werfen will, verwandelt eine nicht genannte Gottheit sie zu Stein.

Wenn Frauen vergeblich einen Mann begehren: Auch Frauen können Druck ausüben, wenn Männer ihrem Beziehungswunsch nicht willfahren. Sie können zwar kaum durch körperliche Gewalt einen Geschlechtsakt erzwingen, jedoch auf eine Abfuhr hin bit-

»VIM TULIT« = »HAT VERGEWALTIGT«?

tere Rache üben. So im Beispiel der Zauberin *Circe*, die den jungen *Picus* begehrt. Dieser ist glücklich verheiratet und lässt sich folglich auf das Werben nicht ein. Zornig verwandelt *Circe* den armen *Picus* daraufhin in einen Waldspecht. Ähnlich bei *Phaedra*, die ein Auge auf ihren Stiefsohn *Hippolytos* geworfen hat. Er weist diese Zumutung, seinen Vater zu hintergehen, entrüstet zurück. Abgesehen davon hat er sich sowieso – in Verehrung für die Göttin *Artemis* – ganz der Keuschheit verschrieben. Seine Abfuhr kontert *Phaedra* auf perfide Weise: Sie nimmt sich das Leben und hinterlässt ihrem Gatten *Theseus* in einem Brief, dass sein Sohn sie geschändet habe. Obwohl *Hippolytos* seine Unschuld beteuert, belegt der Vater seinen Sohn mit einem tödlichen Fluch.
Der schöne *Narziss* kommt bei Ovid ähnlich ums Leben: Die Göttin *Nemesis* verhext ihn mit tödlicher Selbstliebe. Sie folgt dabei dem Wunsch des *Ameinias* und will gleichzeitig das Schicksal der *Echo* sühnen.

Die Rolle der *vis (Kraft, Gewalt, Stärke)* in Ovids *Liebeskunst*
In seinem Werk *Die Liebeskunst* scheint Ovid zu zeigen, dass für ihn Gewalt (*vis*) durchaus ein *erlaubtes* Mittel ist, um eine Beziehung anzubahnen – als Ausdruck der Initiative, die nach ihm vom Mann ausgehen sollte: »*Welcher Verständige mischt unter schmeichelnde Worte nicht Küsse? Auch wenn sie selbst keine gibt, hol sie dir dennoch von ihr. Möglich, dass sie sich sträubt und ›Unverschämter!‹ zu dir sagt; Aber sie wird dann von dir gerne im Kampfe besiegt.*« Bei der Beschreibung des Weges von den Küssen zur vollen Wunscherfüllung geht er sogar noch weiter: »*Magst du Gewalt* [vim] *es auch nennen, willkommen ist diese dem Mädchen; oft wollen sie, was sie freut, hergeben nur unter Zwang. Wurde mit jäher Gewalt sie zur Liebe gezwungen, dann freut sich jede, und wie ein Geschenk sieht sie die Dreistigkeit an.*«
Ovid führt etliche Beispiele aus der Mythologie als Belege an: *Phoebe* und ihre Schwester *Hilaïra* waren bereits anderweitig verlobt, als sie von *Castor* und *Pollux* geraubt wurden. Beide Frauen

seien mit ihren neuen Gatten einverstanden gewesen. Oder *Deïdamia*: *Thetis* hatte ihren erwachsenen Sohn, *Achilles*, als Frau verkleidet in die Obhut des Königs *Lykomedes* gegeben. Sie wollte verhindern, dass *Achill* für den Feldzug nach Troja geworben würde. Durch ein Orakel wusste sie, dass ihr Sohn in diesem Fall nicht zurückkehren würde. »*Zufällig war in demselben Gemach auch die Tochter des Königs* [Deïdamia]*; sie sah den Mann erst in ihm* [Achilles], *als er gewaltsam* [stupro = durch eine Schändung] *sie nahm. Zwar wurde sie mit Gewalt besiegt – so muss man es glauben –, doch dass Gewalt sie besiege, war trotzdem ihr Wunsch. Oft sagte sie zu ihm: ›Bleib!‹, als Achilles zur Abfahrt* [der Griechen nach Troja] *schon eilte; (…) Wo ist jetzt die Gewalt? Warum hältst du mit schmeichelnder Stimme, Deïdamia, den Mann, welcher dich schändete, auf? Freilich, bei manchen Dingen, da schämt man sich zwar, zu beginnen, doch man erduldet es gern, wenn das ein anderer macht.*« Aus heutiger Sicht ist diese Haltung natürlich indiskutabel.

Ovid und der Paarungstrieb

Als Kind einer patriarchalen Welt könnte Ovid *Gewalt, Kraft oder Stärke* (*vim*) durchaus als einen natürlichen Ausdruck männlichen Paarungstriebes verstanden haben – vergleichbar dem Geschehen im Tierreich: »*Schmeichelnde Lust, heißt es, habe die trotzigen Sinne besänftigt: Mann und Frau fanden sich beide am selben Ort ein. Was da zu tun war, das lernten sie selbst ohne Rat eines Lehrers, und es vollzog ohne Kunst Venus ihr süßes Geschäft.*« Hier verweist Ovid auf das Tierreich: »*Hat doch auch seine Gefährtin der Vogel, (…) in freiem Ehebund hängt an der Hündin der Hund. Froh lässt das Schaf sich bespringen, am Stier auch freut sich die Jungkuh; selbst die stumpfnasige Geiß trägt ihren schmutzigen Mann.*«

Liriopes Paarung mit dem Flussgott *Kephisos* bei der Zeugung des Narziss mag Ovid als archaisches, natürliches Geschehen verstanden haben, bei dem mächtige Lebenskräfte am Werk waren. Der Dichter spricht weder von einer Gegenwehr *Liriopes*, noch berich-

»VIM TULIT« = »HAT VERGEWALTIGT«?

tet er von negativen Konsequenzen dieser Schwangerschaft. Das Verhältnis der beiden Eltern zueinander und zu ihrem Sohn beschreibt er so gut wie gar nicht. Andere Quellen (vgl. S. 17 ff) deuten auf eher unkomplizierte Familienbande hin.
In seiner *Liebeskunst* fordert Ovid daneben ausdrücklich, in der Liebe Weisheit walten zu lassen. Das gewünschte Ziel werde nicht immer erreicht: Nicht jedes Samenkorn keimt, nicht immer hat ein Segelschiff den nötigen Wind. Das Verliebtsein halte auch Schmerzen bereit, die ertragen sein wollen. Ovid empfiehlt Männern, Frauen respektvoll zu behandeln: »*Wünscht sie es, nähere dich, doch entferne dich, wenn sie dich meidet. Menschen von edler Geburt ziemt sich's nicht, lästig zu sein.*«

Die Zwiespältigkeit von Gewalt bei Ovid

Ovid zeigt ein zwiespältiges Verhältnis zur Gewalt. Einerseits hat sie für ihn offenbar einen negativen Beigeschmack. Im Fall von *Deïdamia* glaubt er, sie ausdrücklich in Abrede stellen zu müssen: »*Wo ist sie nun, die Gewalt?*« Bei *Vertumnus* und *Pomona hält* er den Verzicht auf Gewalt offenbar für die angemessenere Variante. Andererseits propagiert er – vielleicht nur scheinbar – in einigen Fällen durchaus den Einsatz von *Gewalt.*
Für mich ist wahrscheinlich, dass Ovid gewaltsame Beziehungs-Anbahnung nur vermeintlich als unproblematisch darstellt. Er will womöglich – subversiv und vorsichtig getarnt – ein solches Erzwingen von Beziehungen, wie es für seinen Kaiser Augustus typisch war, vordergründig zwar als *selbstverständlich* darstellen, es hintergründig jedoch als unwürdig brandmarken und der Lächerlichkeit preisgeben. Dazu später mehr.[3]

3 Wie sehr sich im Text des Ovid in sprachlichen Feinheiten eine durchgängige Ironie zeigt, arbeitet József Krupp (2009) heraus.

DIE PARADOXIE EINES *BLINDEN SEHERS*

Die Paradoxie eines *blinden Sehers* kommt wohl nicht von ungefähr. Teiresias tritt in antiken Texten stets als jemand in Erscheinung, der Dinge *sieht*, die für andere verborgen sind. Gleichzeitig ist er jedoch für zentrale Aspekte des jeweiligen Geschehens *blind*. Zu seinem Markenzeichen gehört es auch, dass er von (Selbst-) Erkenntnis abrät und in der Regel zu spät kommt. Ovid führt ihn wohl mit Bedacht in diese Geschichte ein.

Mit einer Prophezeiung zum Schicksal des Narziss liefert Teiresias eine erste Probe seiner Orakel-Fähigkeiten ab: Er gab »*den Leuten, welche sich an ihn wandten, unfehlbare Wahrsagersprüche. Dass Verlass auf sein Wort war, erprobte Liriope erstmals. (…) Darüber befragt, ob denn der* [also Narziss] *die Zeit eines langen, reifen Alters sehn werde, sagte ›Wenn er sich selbst nicht erkennt‹ der schicksalsverkündende Seher. Lang schien nichtig des Wahrsagers Wort. Doch bestätigt wird's durch das Ende von allem, die Art seines Todes, die Neuheit des Wahnsinns.*« Dieser Spezialist sagt also voraus, dass Narziss ein langes Leben haben kann, wenn er sich selbst nicht erkennt. Was aber soll es bedeuten, sich selbst nicht zu erkennen? Und was hat das mit einem frühen Tod zu tun?

Der Endlichkeit ins Auge sehen?

Ein wesentliches Element der meisten Versionen dieses Mythos besteht darin, dass das frühe Sterben des Narziss mit dem Betrachten seines Spiegelbildes in einer Quelle zusammenhängt. Also erweist sich der Spruch des Sehers scheinbar als sinnvolle Warnung. Symbolisch gesehen ist sie stimmig: Narziss steht für Jugend und Schönheit. Deren rasche Vergänglichkeit wird ja bis heute teils bitter beklagt. Ein Blick in den Spiegel vermag die Menschen an diese Endlichkeit zu erinnern. Dabei ist es natürlich nicht wirklich zu empfehlen, aufgrund dieser Warnung auf Selbsterkenntnis zu verzichten und eine nicht zu leugnenden Realität zu verdrängen.

Sich der eigenen Bedürfnisse bewusst werden?

Ein Sich-selbst-Erkennen bei Narziss besteht im übertragenen Sinne auch darin, dass er sich seiner Gefühle und Bedürfnisse *bewusst* ist. Er ist sich im Klaren darüber und leidet daran, dass er geliebte Menschen (eine Zwillingsschwester, seine Eltern) verloren hat, und dass er selbst vergänglich ist. In dieser Selbst-Bewusstheit weiß er auch genau, mit welchen Menschen er *keinen* engeren Kontakt haben möchte, woraufhin diese psychische oder gar physische Gewalt auf ihn ausüben.

Hätte Narziss also *kein* Bewusstsein für seine Gefühle und Bedürfnisse gehabt, dann wäre er wohl *nicht* am Verlust geliebter Angehöriger tödlich verzweifelt. Und hätte er sich *nicht* selbstbewusst von aufdringlichen Zeitgenossinnen und Zeitgenossen abgegrenzt, so hätte er diesen *keinen* Anlass gegeben, psychische und physische Gewalt auf ihn auszuüben, an der er am Ende stirbt. Insofern bewahrheitet sich also in diesen Punkten einerseits die Prophezeiung des Teiresias.

Andererseits ist jedoch auch klar: Hätte Narziss *nicht* auf sich selbst geachtet, hätte er seine Gefühle und Bedürfnisse *nicht* wahrgenommen und *nicht* entsprechend gehandelt, dann hätte er von Beginn an über *keine* (eigene) Lebendigkeit verfügt. Er hätte sie vielmehr von Anfang an verloren. Teiresias hätte also auch sagen können: »Wenn er sich *nicht* selbst erkennt, wird er *kein* (langes) Leben haben!« Für diesen Aspekt erweist sich Teiresias allerdings einmal mehr als *blind*.

NEMESIS, DIE RÄCHERIN

Auch Nemesis wird von Ovid sicherlich sehr bedacht – und in ironischer Absicht – in den Mythos eingeführt. Nach Apollodor war sie, genauso wie Narziss, mit Beziehungswünschen bedrängt worden: Göttervater Zeus stellte ihr nach. In dem Bestreben, seinen Zudringlichkeiten zu entgehen, verwandelte sich Nemesis in verschiedene Tiere. Als Gans wurde sie am Ende von ihm, der sich in einen Schwan verwandelt hatte, überwältigt.

Aus einem Ei, das dieser Verbindung entsprang, schlüpfte Helena, später die schönste Frau der Welt. Sie war zunächst die Gattin des Menelaos, des Königs von Sparta. Im Rahmen eines kleinen Schönheitswettbewerbs zwischen drei Göttinnen sollte der trojanische Prinz Paris, der offenbar als Experte in Schönheitsfragen galt, das Urteil sprechen. Alle Kandidatinnen boten ihm unter der Hand reichen Lohn, wenn er sie zur Siegerin erklärte. Aphrodite, die Göttin der Schönheit, versprach ihm die schöne Helena – deren Einverständnis sowie das ihres Gatten Menelaos stillschweigend vorausgesetzt. Aphrodite wurde nun von Paris zur *Miss Olymp* gekürt. Im Gegenzug sorgte sie dafür, dass Paris Helena bekam. Aphrodite hatte wohl erwartet, dass sich Menelaos nicht so haben würde. Da hatte sie sich aber getäuscht. Menelaos beschwerte sich bei seinem großen Bruder Agamemnon, der dann als oberster Feldherr den Rachefeldzug des griechischen Heeres gegen Troja anführte. Und so begann der für beide Seiten verlustreiche Krieg um diese Frau und diese Stadt. Ein Beispiel dafür, wie fatal es ist, Frauen zum reinen Beuteobjekt zu degradieren.
Nemesis weiß also sowohl aus eigener Erfahrung als auch anhand des Beispiels ihrer Tochter sehr genau, wie quälend und unheilvoll es ist, wenn bei Frauen die eigenen Grenzen von lästigen Bewerbern missachtet werden. Nach Ovids – augenzwinkernder – Vergeltungslogik mag es der Göttin aus Rhamnus deshalb eine gewisse Genugtuung bereitet haben, in Narziss auch einmal auf Seiten der Männer jemanden für die Gegenwehr gegen solche Aufdringlichkeit bestraft zu sehen: »Meine Tochter und ich waren männlichen Nachstellungen ausgesetzt. Jetzt sorge ich dafür, dass auch mal die andere Seite unter Nachstellungen zu leiden hat!« Schöne Ironie!

FREIGEISTIGER OVID UND GNADENLOSER AUGUSTUS

(Auto-)Biografisches zu Ovid

Ovid entstammte dem Ritterstand. Er und sein um ein Jahr älterer Bruder schlugen die Ämterlaufbahn ein und wurden rhetorisch und juristisch ausgebildet. Der Bruder verstarb bereits mit 20 Jahren – *»und ich begann einen Teil meiner selbst zu entbehren«* (o.J.). Ovid dürfte also Verständnis gehabt haben für die Trauer eines 16-Jährigen, der seine Zwillingsschwester verloren hat. Nach einigen Jahren stellte er seine öffentlichen Tätigkeiten ein, um Dichter zu werden. Seine aufgeklärte *Liebeskunst* (16 v.u.Z.) machte den damals 27-Jährigen im alten Rom zum meistgelesenen Autor seiner Zeit.

Schon in jungen Jahren hat er zwei Scheidungen vollzogen (o.J.): *»Als ich noch fast ein Knabe war, wurde mir eine nichtswürdige und nichtsnutzige Ehefrau gegeben, die nur kurz mit mir verheiratet war. Ihr folgte eine Gattin, die, obwohl man ihr nichts vorwerfen konnte, dennoch nicht beständig in meinem Ehebett bleiben sollte. Die letzte, die mir bis in mein fortgeschrittenes Alter geblieben ist, hat es erduldet, die Ehefrau eines Verbannten zu sein. Meine Tochter, die in ihrer frühen Jugend zweimal schwanger war, aber nicht von einem einzigen Ehemann, machte mich zum Großvater.«* Ovid und seine Tochter haben wohl selbst erlebt, dass sie eine Beziehung beenden wollten – womöglich auch gegen den Protest derjenigen, denen sie eine Absage erteilten.

Einmischungen in Beziehungen durch Augustus

Der zu Ovids Zeit amtierende Kaiser Augustus nahm sich das Recht heraus, in das Beziehungsleben seiner Untertanen einzugreifen. Er ließ den Ehebruch sanktionieren (23 v.u.Z.), obwohl er sich selbst durch vielerlei ehebrecherische Liebschaften auszeichnete. Darüber hinaus bemühte er sich, den Kinderreichtum der oberen Stände zu fördern (18 v.u.Z.). Im Jahr 9 – also ein Jahr, nachdem Ovid die Metamorphosen beendet hatte und verbannt worden war – wurde ein Gesetz erlassen, wonach alle Frauen zwischen 20 und 50 Jahren und alle Männer zwischen 25 und 60 Jahren verheiratet sein mussten.

In seinem unmittelbaren Umfeld mischte sich Augustus ganz direkt in Eheschließungen beziehungsweise die dazu erforderlichen Scheidungen ein. Er selbst trennte sich im Alter von 24 Jahren (39 v.u.Z.) aus der Ehe mit seiner zweiten Frau Scribonia, die mit seiner Tochter Julia schwanger war, um sogleich die damals 19-jährige Livia Drusilla zu heiraten. Deren deutlich älterer Gatte, von dem sie gerade ihr zweites Kind erwartete, musste sich hierzu von ihr scheiden lassen. Der Zwangsgeschiedene habe sogar – hierzu genötigt oder in vorauseilendem Gehorsam – bei der Hochzeit wie ein Brautvater seine ehemalige Gattin dem Kaiser zugeführt. Diese Ehe hatte bis zu Augustus' Tod Bestand – wohl nicht zuletzt deshalb, weil Livia die zahlreichen Affären ihres Gatten tolerierte. Die beiden Söhne aus Livias erster Ehe, Tiberius und Drusus, wuchsen zunächst bei ihrem Vater auf, fanden jedoch nach dessen Tod Aufnahme im Haus von Augustus. Drusus verstarb bereits mit 30 Jahren. Tiberius wurde von Augustus im Jahr 4 adoptiert und zu seinem Nachfolger auf dem Kaiserthron ernannt.

Augustus hat auch seine Tochter Julia dreimal verheiratet. Bei der zweiten Heirat mit Marcus Vipsanius Agrippa (21 v.u.Z.) musste sich dieser zuvor von seiner ersten Ehefrau trennen. Aus der gestifteten Ehe gingen fünf Kinder hervor. Nach dem Tod des Marcus Vipsanius verheiratete Augustus seine Tochter mit seinem Stiefsohn Tiberius. Auch dieser musste sich zuvor von seiner ersten Frau, die er sehr liebte und die damals mit einem zweiten Kind schwanger war, scheiden lassen. Die erzwungene Ehe von Julia und Tiberius war nicht glücklich. Offenbar wollte sich Julia trennen. Im Jahr 2 v.u.Z. wurde sie wegen Ehebruchs von ihrem Vater verbannt.

Einer Tochter von Julia, die ebenfalls Julia hieß und aus der Ehe mit Marcus Vipsanius stammte, wurde ein Ehebruch nachgesagt, bei dem Ovid ein Mitwisser gewesen sein soll. Er habe angeblich sein gastliches Haus, in dem unbeschwerte Geselligkeiten gepflegt wurden, dafür zur Verfügung gestellt. Julia die Jüngere wurde, wie zuvor ihre Mutter, im Jahr 8 von Kaiser Augustus, ihrem Großvater, in die Verbannung geschickt. Dasselbe Schicksal ereilte im selben Jahr auch Ovid.

Ovids Verbannung

Die Gründe für Ovids Verbannung sind nicht geklärt. Er soll sich einmal geweigert haben, ein Epos zum Lob des Augustus zu verfassen – mit der Begründung, dass er mit wichtigeren Aufgaben beschäftigt sei. Er schrieb damals an seiner *Liebeskunst*. Ebenso wird seine (angebliche) Mitwisserschaft um den Ehebruch der Kaiser-Enkelin Julia genannt. Aufgrund der von mir vermuteten emanzipatorischen Haltung könnte ihm eine Hilfestellung für Julia selbstverständlich gewesen sein. Jedenfalls musste er sein letztes Lebensjahrzehnt in Tomi (Constanta, Rumänien) verbringen. Seine wiederholten Bitten und Eingaben, nach Rom zurückkehren zu dürfen, blieben unerfüllt. Auch der Tod des Augustus im Jahr 14 änderte daran nichts.

Ironie als Tarnung

Dass der mächtigste Mann der damaligen Welt sich in fremde Beziehungsangelegenheiten massiv einmischte, bekam Ovid also hautnah mit. Kritik daran durfte er natürlich nicht lauthals hinausposaunen. Unter der autoritären Herrschaft musste er sich mit solchen ketzerischen Positionen bedeckt halten. Da lag es nahe, auf das Stilmittel der Ironie [*eironeia* (griech.) = *Verstellung, Vortäuschung*] zurückzugreifen: Dass Narziss zwei Beziehungsanträge ablehnt, stellt Ovid – oberflächlich betrachtet – als frevlerische Anmaßung dar, auf die göttliche (augusteische) Strafe folgt. Das kann er jedoch niemals als irgendwie berechtigt oder notwendig propagiert haben: Wenn *Narziss* keine Lust hat auf die Beziehung mit einer blöden *Echo*, dann ist das in Ordnung. Wenn *Narziss* nicht auf Männer oder zumindest nicht auf *Ameinias* steht, dann ist auch das in Ordnung. Und wenn *Picus* mit *Circe*, *Annaxarete* mit *Iphis* oder *Pomona* mit *Vertumnus* keine Beziehung eingehen möchten, dann sieht Ovid wohl auch darin kein Problem. Dasselbe Recht zur freien Beziehungswahl hätte natürlich auch für *Nemesis* und ihre Tochter *Helena* gelten sollen. Die Botschaft des Dichters lautet: Beziehungen müssen freiwillig sein! Verständige

LeserInnen können über das Ansinnen der *Nemesis* (wie des *Augustus*) wohl nur den Kopf geschüttelt haben.

In den *Metamorphosen* gibt Ovid seinem Kaiser also einen geradezu humorvollen Gedankenanstoß. Die beiden *Julias*, *Tiberius* und seine *erste Frau* und etliche andere werden die Mitteilung wohl verstanden haben. Vielleicht sogar Augustus selbst. Denn mit der Fertigstellung der Metamorphosen wurde Ovid in die Verbannung geschickt. Und mit dem Gesetz, das eine Eheschließung erzwingt, setzt Augustus ein Jahr später geradezu einen ausdrücklichen Kontrapunkt zu Ovid.

Erkennbarkeit von Ironie: Beim gesprochenen Wort kann sich Ironie durch Mimik oder Tonfall des Sprechenden verraten. Wie aber lässt sich eine ironische Vortäuschung in einem Schriftstück erkennen?

In meiner Ausbildung habe ich gelernt: Wenn sich verbale Mitteilung und Handlungsmitteilung einer Person widersprechen, ist auf die Handlungsmitteilung mehr Verlass. Ich sehe dann, dass die Worte täuschen.

Auf den Mythos angewendet: Dass Narziss sich gegen Beziehungen auflehnt, nennt Ovid *dura superbia = hart(herzig)en Stolz*. Die bestrafte Handlung besteht jedoch in nichts anderem, als dass Narziss das eindeutige Angebot einer dämlichen Gans zu sofortigem Geschlechtsverkehr ablehnt. Ebenso weist er das Beziehungsbegehren eines Mannes ab. Und da sich sehr viele Menschen in ihn verliebt haben, kann er zwangsläufig zahlreiche BewerberInnen nicht erhören. Dass Narziss zu all diesen Beziehungswünschen kurz und knapp »Nein!« sagt, ist also eine pure Selbstverständlichkeit. (In unserem Kulturkreis und in heutiger Zeit sollte das umso mehr selbstverständlich sein.)

Diese Selbstverständlichkeit wird von Ovid jedoch scheinbar missbilligt. Die verbale Bewertung dieser Situation stellt das genaue Gegenteil von dem dar, was jeder gesunde Mensch empfinden sollte: Natürlich darf Narziss so handeln, wie er es getan hat! Die Behauptung, dass er sich hier als *spröde* und *kaltherzig* erwiesen habe, entspricht also einer ironischen Verstellung Ovids. Und wer es nicht glauben möchte, möge sich fragen, warum er wohl gerade Nemesis als Rächerin gewählt hat – und nicht Aphrodite oder Artemis, wie es in heutigen Interpretationen fälschlich behauptet und verbreitet wird (vgl. S. 118 f). Es ist also ein durch und durch emanzipatorischer Mythos, der uns von Ovid erzählt wird.

BEGRIFFSSCHÖPFUNG MIT UNKLARHEITEN

Der Mangel an Methoden, bei den Geisteskrankheiten tiefer nach den Ursachen zu schürfen, bot eine unfruchtbare Betätigung: nämlich die unermüdliche Konstatierung immer neuer Symptome und die nicht weniger ausdauernde Anstrengung der Gruppierung der einzelnen Symptome zu Krankheitsbildern. (…) Und niemals kam man dazu, zunächst einmal in klarer und eindeutiger Weise sich über psychologische Grundbegriffe, normale wie pathologische, zu verständigen. So musste ein Aneinandervorbeireden bei den Psychiatern obwalten, das diese sonst wohl bei ihren Kranken, aber nicht bei sich selbst zu beobachten imstande waren. Dieser Zustand des Aneinandervorbeiredens besteht noch in gleicher Weise wie das Bestreben, immer weitere Symptome ausfindig zu machen und sie immer wieder neu zu gruppieren in der Meinung, das Zusammenfassen einer Reihe von Symptomen begründe wie in der inneren Medizin die Diagnose einer bestimmten Krankheitsform.

Ludwig Frank (1863–1935), Schweizer Arzt und Psychiater
(in: Die psychokathartische Behandlung nervöser Störungen, 1927, S. 2)

VERWIRRUNG DER PIONIERE ELLIS UND NÄCKE

Begriffsschöpfung mit Unklarheiten

Havelock Ellis und eine *»narzissähnliche Tendenz«*

»Phänomene der spontanen geschlechtlichen Erregung ohne irgendwelche Anregung direkter oder indirekter Art seitens einer anderen Person« – beispielsweise das Tagträumen mit sexuellem Inhalt – nennt der englische Sexualforscher Havelock Ellis im Jahr 1898 *»Autoerotismus«*. Hierunter fasst er auch eine Tendenz, *»die manchmal, vielleicht hauptsächlich bei Frauen, vorkommt, dass nämlich sexuelle Gefühle in der Selbstbewunderung absorbiert werden und dabei oft gänzlich verloren gehen. Diese narzissähnliche Tendenz, deren normaler Keim bei Frauen durch den Spiegel symbolisiert ist, kommt – in geringerem Maß bei manchen weiblich gesonnenen Männern, aber anscheinend sehr selten bei Männern – losgelöst von sexueller Anziehungskraft gegenüber anderen Personen vor, welcher sie natürlich üblicherweise untergeordnet ist. Aber gelegentlich scheint sie bei Frauen für sich allein zu bestehen, ohne dass irgendeine Anziehung auf andere Personen ausgeübt wird.«* Diese Lust an der Selbstbetrachtung gilt für Ellis anscheinend als *»normal«*, solange sie dem Bemühen um *»sexuelle Anziehungskraft (…) untergeordnet«* sei.

Ein einziges Fallbeispiel: Seine Auffassung von der *unnormalen* Variante erläutert Ellis anhand eines einzigen Fallbeispiels: *»Ein typischer Fall ist der einer Dame von 28, von sehr großen und feinen Proportionen, aktiv und gesund und intelligent, jedoch ohne deutliche sexuelle Hinneigung zum anderen Geschlecht; gleichzeitig ist sie nicht invertiert* [= homosexuell], *obwohl sie gerne ein Mann wäre, und sie weist einen gehörigen Grad von Verachtung gegenüber Frauen auf. Sie zeigt eine intensive Bewunderung für ihre eigene Person, besonders für ihre Schenkel; niemals ist sie glücklicher, als wenn sie sich allein und nackt in ihrem Schlafzimmer befindet, und, soweit es möglich ist, kultiviert sie Nacktheit. (…) Sie ist frei und sicher in ihrem Benehmen, ohne sexuelle Scheu, und während sie bereitwillig die Aufmerksamkeit und Bewunderung anderer empfängt, unternimmt sie doch keinerlei Bemühungen, sie zu gewinnen, und hat* *niemals zu irgendeiner Zeit irgendwelche Gefühle erfahren, die stärker sind als ihr eigenes Vergnügen an sich selbst.«*

Markante Abweichungen: Ellis' Artikel fließt in sein Buch *Geschlechtstrieb und Schamgefühl* (1900) ein. Hier wie auch in zwei späteren Auflagen (1907, 1922) und in einem weiteren Artikel (1927) verändert er – offenbar beeinflusst von Paul Näcke – seine ursprünglichen Position deutlich. Näcke hatte nämlich Ellis' Idee von der »*narzissähnlichen Tendenz*« aufgegriffen, zu präzisieren versucht und Widersprüche im Konzept von Ellis auf seine Art bereinigt. Markante Uneinigkeiten zwischen Ellis und Näcke, die sich dabei ergeben hatten, stelle ich gleich weiter unten genauer dar.

Paul Näcke und der »*Narcismus*«

Am Ende des 19. Jahrhunderts steckt Sexualforschung noch in den Kinderschuhen. In einem Beitrag von 1899 – »*Die sexuellen Perversitäten in der Irrenanstalt*« – verfolgt der Psychiater Paul Näcke das Ziel, sich »*wirklich wissenschaftlich mit den Abweichungen des Geschlechtstriebs zu beschäftigen*«. Insgesamt 1.531 »*Geisteskranke*« sind am 9. Juli 1898 in der von ihm geleiteten *Heil- und Pflegeanstalt Hubertusburg* bei Leipzig untergebracht, 509 Männer und 1.022 Frauen. Deren sexuelle Absonderlichkeiten will Näcke statistisch erfassen. Wie selbstverständlich verwendet er in diesem Zusammenhang den Begriff »*Narcismus*«. Was er darunter versteht, das erläutert er in einem zweiten Beitrag aus demselben Jahr: »*Auf alle Fälle viel seltener als das Tagträumen ist der Narcismus, die Selbstverliebtheit. Hier ist die Grenze gegen bloße Eitelkeit zu ziehen und nur dort, wo das Betrachten des eigenen Ichs oder seiner Teile von deutlichen Zeichen des Orgasmus begleitet ist, kann mit Fug und Recht von Narcismus gesprochen werden. Das wäre der klassischste Fall von ›auto-erotism‹ im Sinne von H. Ellis.*« In einem ersten Beitrag von 1899 hatte Näcke das Phänomen übrigens nicht als den »*klassischsten Fall von auto-erotism*« bezeichnet, sondern als die »*schwerste Form*« desselben. Diese Unklarheit wird nirgendwo aufgelöst.

Näcke berichtet 1899, dass er nur bei einer einzigen Frau (von 1.022) »*echten*« *Narzissmus* gesehen habe. Das entspricht circa 0,1 %. Bei vier Männern findet er zwar ein ausgiebiges Betrachten des Spiegelbildes, kann dabei jedoch keine Form sexueller Erregung erkennen. Er bezeichnet diese Fälle deshalb als »*Pseudo-Narcismus*«. Bei 509 Männern sind das circa 0,8 %. Sieben Jahre später schreibt Näcke, er habe nun auch bei einem einzigen Mann – von rund 500 – »*echten*« *Narzissmus* beobachtet. Das wären also circa 0,2 % – womit Männer, nach dieser Statistik, ungefähr doppelt so häufig das umkreiste Phänomen zeigen.

Uneinigkeiten

Havelock Ellis hatte zwar Medizin studiert, aber nie als Arzt praktiziert. Seinen Unterhalt verdiente er als Privatgelehrter. Paul Näcke hingegen war ein bedeutender praktizierender und wissenschaftlich arbeitender Psychiater. Er greift die Anregung von Ellis auf und scheint eine widerspruchsfreie Vorstellung von dem »*narzissähnlichen*« Phänomen entwickeln zu wollen: Da es ja dem Autoerotismus zugehören soll, darf sexuelle Erregung nicht fehlen. Er grenzt damit eine sehr spezielle und seltene »*Perversität*« ein, bei der allein das Betrachten des eigenen Körpers zu sexueller Erregung führt.

Ellis und Näcke stimmen in ihrer jeweiligen Auffassung von dem, was sie »*narzissähnliche Tendenz*« oder »*Narcismus*« nennen, nicht völlig überein. Näcke war wohl von Ellis – wie dieser 1927 darstellt – um Diskussion und Verbreitung seiner Gedanken gebeten worden. Dass er dann mitformuliert, geschieht wohl in bester Absicht. Näcke versucht anscheinend, mehr Logik in die Betrachtung hineinzubringen: In fünf Fällen von auffälliger Selbstbespiegelung unterscheidet er – je nach Vorliegen von »*Zeichen der Wollust*« – zwischen »*echtem Narcismus*« und »*Pseudo-Narcismus*«. In letztere Kategorie würde er wohl auch Ellis' Fallbeispiel einsortieren. Und er formuliert – wie oben zitiert – *seine* Definition von »*Narcismus*«. Daneben erläutert er exakt seine Datenbasis.

Hieraus kann er Häufigkeiten berechnen, woraus sich eine erste vage Abschätzung der Verteilung dieses Symptoms über die Geschlechter gewinnen lässt. Das klingt zumindest nach Wissenschaft und ist erheblich präziser als Ellis.

Auch Näcke produziert jedoch gewisse Unklarheiten: Im Fall der Frau mit *»echtem Narzissmus«* beschreibt er gar keine Bespiegelung oder Selbstbetrachtung, sondern nur, dass sie sich selbst Arm und Hand küsst. Bei dem Mann wird immerhin vom Küssen des Spiegelbildes gesprochen. In beiden Fällen ist die (vermeintliche) sexuelle Erregung nur sehr vage umschrieben. Das eigentümliche Phänomen ist also auch von Näcke noch keineswegs klar definiert.

Verspäteter Einspruch: Näckes Abwandlungen haben Ellis anscheinend nicht so recht geschmeckt. Aber damit rückt er erst 1927 heraus, als der bereits verstorbene Näcke nicht mehr darauf antworten kann: Die Passage, in der Näcke den *»Narcismus«* definiert (s. o.), kommentiert Ellis 1927 mit: *»Ich hatte das nicht gesagt und kann die Darstellung nicht akzeptieren.«* Und er stellt klar: *»Autoerotismus in meinem Sinne ist keine Perversion.«*

Aus meiner Sicht ist Ellis hier nicht sehr aufrichtig. Tatsächlich hatte er sich zunächst den Formulierungen Näckes weitgehend und scheinbar bereitwillig angepasst: Aus Näckes *»schwerster«* oder *»klassischster«* Form von *»Autoerotismus«* macht Ellis in seinen späteren Texten die *»extremste«* Form (im Englischen: *»extreme«*). Mit Blick auf seine ursprüngliche Behauptung, dass das Phänomen vor allem bei Frauen auftrete, schränkt er später ein: *»obgleich das nicht ganz feststeht«*. Hier ist er wohl beeinflusst von Näckes Statistik, die ein häufigeres Vorkommen des *Narzissmus* bei Männern nahelegt. Und dass die sexuelle Erregung dabei *»oft gänzlich«* in der Selbstbewunderung *»verloren geht«*, schwächt Ellis später auf *»ganz oder teilweise«* ab. Nach Näcke muss ja das Betrachten des eigenen Körpers *»von Zeichen der Wollust«* (1899a) beziehungsweise *»von deutlichen Zeichen des Orgasmus«* (1899b) begleitet sein. Während Ellis 1898 nicht näher erläutert, was er bei seinem Fallbeispiel mit dem *»eigenen Vergnügen an sich selbst«*

genau meint, macht er es in allen folgenden (deutschsprachigen) Fassungen mit einem Zusatz deutlicher: »*Ich muss noch hinzufügen, dass ich zu näherer Untersuchung dieses Falles keine Gelegenheit hatte, daher nicht mit Bestimmtheit behaupten kann, dass Masturbation nicht stattfand.*« Womöglich war es Näcke, der mit einer entsprechenden Nachfrage Ellis zu diesem Eingeständnis veranlasst hatte. Ellis scheint einzuräumen, dass bei seinem Fallbeispiel doch sexuelle Erregung im Spiel gewesen sein könnte.

Hermann Rohleder: In der vierten Auflage von Ellis' Werk von 1922 heißt es: »*Die am besten beobachteten Fälle von Narzissmus gibt aber Rohleder, der dafür den gewichtigen Namen ›Automonosexualismus‹ gewählt hat und annimmt, dass dieser Zustand vorher noch nicht beobachtet worden ist. (H. Rohleder, Der Automonosexualismus, Heft 23 der Berliner Klinik, März 1907.) In den beiden Fällen, die Rohleder untersucht hat, waren es Männer, die sexuell erregt wurden beim Anblick ihrer eigenen Körper, sei es im Spiegel oder in natura, auf die aber andere Personen gar keinen oder nur geringen sexuellen Reiz ausübten.*« In Rohleders Beispielen ist die Bespiegelung – teils mit, teils ohne Masturbation – eindeutig von sexueller Erregung begleitet. Indem Ellis selbst nun Rohleders Beispiele als »*am besten beobachtete Fälle von Narzissmus*« ausgibt, bekräftigt er im Grunde voll und ganz die Definition von Näcke. Er führt hier ähnliche Beobachtungen von Moll und Krafft-Ebing an, bei denen auch Homosexualität vorlag. Ellis will vermutlich hervorheben, dass er, Näcke und andere schon längst beschrieben hatten, was Rohleder nun als neue Beobachtung ausgibt.

Hätte Ellis seine »*narzissähnliche Tendenz*« nur auf Selbstbewunderung ohne jegliche sexuelle Erregung beziehen wollen, dann hätte er sich 1922 von Rohleder klar abgrenzen müssen. Das tut er jedoch nicht. Dann jedoch – nur fünf Jahre später – distanziert er sich strikt von Näckes Formulierung, der sexuelle Erregung als notwendige Zutat zum »*Narcismus*« fordert.

Rafaela: Ellis erläutert erst 1927 näher, was ihm 1898 durch den Kopf gegangen war. 1897 hatte er den soeben erschienenen

Roman *Genio y Figura* von Juan Valera gelesen. Darin bekennt die Edel-Kurtisane Rafaela, dass sie – wenn ihre Zofe Petronila sie nach dem Bad abgetrocknet hat – angeregt von deren Bewunderung ihrer Schönheit »*etwas Kindisches* [macht], *von dem ich kaum weiß, ob es harmlos oder lasterhaft ist. Ich weiß nur, dass es ein rein kontemplativer Akt ist, eine selbstlose Bewunderung von Schönheit; was ich mache, geschieht nicht aus grober Sinneslust, sondern aus ästhetischem Platonismus. Ich imitiere Narziss; und ich lege meine Lippen auf die kalte Oberfläche des Spiegels und küsse mein eigenes Abbild. Dies ist die Liebe zur Schönheit um der Schönheit Willen; es ist, in einem Kuss, der Ausdruck von Zuneigung gegenüber dem, was Gott in diesem körperlosen Spiegelbild hat offenbar werden lassen.*«

Und Ellis weiter: »*Es war deshalb unvermeidlich, dass ich mich, als ich im realen Leben die Bekanntschaft mit einer Frau machte, die in hohem Maß diese Eigenschaften* [von Rafaela] *besaß, des Bildes von Narcissus entsann. Diese Frau, vollkommen gesund, von niemandem als nicht normal angesehen, sehr geschäftstüchtig, habe ich 1898 (…) in dem frühesten Artikel, dem ich den Titel ›Auto-Erotismus‹ gab, als extremen Typ dieser* [narzissähnlichen] *Tendenz beschrieben.* [Tatsächlich ist erst 1900 von der »*extremsten Art*« die Rede; K. S.] *Sie lebt noch heute, fast 30 Jahre später, ist noch unverheiratet und nun in der Lage, sich aus dem Geschäftsleben auf ein Landgut zurückzuziehen, das sie in ihrer Heimat erworben hat.*«

Ein weiterer Widerspruch: Statt im Nachhinein für mehr Klarheit zu sorgen, wird durch Ellis' Ausführungen die Verwirrung jedoch noch größer. Bei der »*narzissähnlichen*« Selbstbewunderung sollte – nach Ellis (1898) – ja sexuelle Erregung und auch jegliches Bestreben fehlen, auf andere Menschen anziehend wirken zu wollen. Der Romanfigur Rafaela mangelt es hingegen – nach ihrem eigenen Bekenntnis, aus dem die Erzählung im letzten Drittel besteht – *nicht* an sexuellen Beziehungen und erotischer Leidenschaft. Hier könnte also das Betrachten im Spiegel letztlich durchaus »*der sexuellen Anziehungskraft für andere Personen unter-*

geordnet« gewesen sein. Damit würde es wiederum den Kriterien der von Ellis als leicht abnorm definierten *»narzissähnlichen Tendenz«* gerade *nicht* entsprechen. Vielmehr rückte es in die Nähe eines *normalen* Sich-Spiegelns. Andererseits verneint Ellis bei Rafaelas Selbstbespiegelung ausdrücklich sexuelle Erregung. Somit ist auch hier – wie bei seinem realen Fallbeispiel – verwirrend, von einem Randphänomen des *»Autoerotismus«* zu sprechen, den er wiederum als *»spontane geschlechtliche Erregung«* versteht.

Einigkeit in wenigen Punkten: Die beiden Urheber des Begriffes *Narzissmus* sind sich also ziemlich uneinig darin, was darunter eigentlich zu verstehen sei. Sie stimmen überein, dass es sich um ein intensives Betrachten des eigenen Körpers handle, das die Betroffenen ganz und gar in seinen Bann zu ziehen vermag. Dieses Phänomen hätten sie nur *sehr selten* beobachtet. Und es habe *nichts* mit Homosexualität zu tun. In allen weiteren Merkmalen driften die beiden Experten auseinander: Ist das Phänomen eher harmlos (Ellis) oder eine *»Perversität«* (Näcke)? Muss es dabei jeweils zu einem Orgasmus kommen? Ellis: Nein! Näcke: Ja! Betrifft es eher Frauen (Ellis) oder Männer (Näcke)? Soll es sich auf ein reines Betrachten des eigenen Körpers oder seiner Teile beschränken (Ellis) oder darf es auch Berühren, Küssen und Streicheln sein (bei Näcke unklar)?

Dieses Durcheinander muss eigentlich stutzig machen. Aber die Vertreter der Freudschen Psychoanalyse stören sich *nicht* daran, als sie sich ab 1910 zunehmend des Begriffes *Narzissmus* bemächtigen. Vielmehr vertiefen sie diese Verwirrung noch ganz gewaltig.

NARZISSMUS UND DIE PSYCHOANALYSE

Isidor Sadger: *»Verliebtheit (...) in die eigenen Genitalien«*

In einem Aufsatz von 1910 greift Isidor Sadger erstmals für die psychoanalytische Gemeinschaft den Begriff *Narzissmus* auf. Er versteht darunter die *»Verliebtheit (...) in die eigenen Genitalien«* und sieht darin ein allgemeines menschliches Entwicklungsstadium. Hieraus entwickele sich die Homosexualität. *Narzissmus* finde sich also besonders bei Homosexuellen. Damit kommt Sadger in eindeutigen Widerspruch zu Ellis und Näcke. Auch der Mythos erzählt genau vom Gegenteil: Narziss lehnt homosexuelle Beziehungsangebote ausdrücklich ab. Das stört Sadger jedoch nicht.

Otto Rank: Verfälschung des Mythos

Otto Rank umkreist 1911 den mythologischen Hintergrund des Begriffes »*Narzissismus*« – so schreibt er begriffslogisch korrekt, jedoch abweichend von seinem Erfinder. Er bezieht sich dabei ausdrücklich auf den Beitrag von Wieseler, hatte also den Mythos in sieben Varianten vorliegen. Rank missversteht jedoch – bewusst oder unbewusst – den Altphilologen. Etwa, wenn er behauptet, dass Wieseler »*den Mythos auf die kalte Selbstliebe*« beziehe. Bei Wieseler heißt es zwar: »*Den Alten im Allgemeinen gilt Narkissos als Repräsentant harter Sprödigkeit, eitler oder kalter Selbstliebe*«, er charakterisiert dies jedoch als Fehldeutung. Vielmehr weist er den speziellen Bezug des Narziss zu Vergänglichkeit und Tod nach und hält dies für den zentralen Aspekt des Mythos (vgl. S. 25 f).
Wieseler erwähnt auch ausdrücklich, dass Narziss die Beziehungswünsche verliebter Männer *ablehnt* und in einer Version dafür sogar unmittelbar mit dem Leben bezahlt. Rank verliert kein einziges Wort darüber, sondern verkehrt – in einer sehr vagen Darstellung – die Verhältnisse klammheimlich in ihr Gegenteil: »*Doch weist der Mythos auch homosexuelle Züge auf.*« Narziss hat also mit Homosexualität zu tun. Basta.

Sigmund Freud: *Zur Einführung des Narzissmus*

Im Jahr 1914 beansprucht Sigmund Freud selbst erstmals den Begriff *Narzissmus* für die Psychoanalyse. Näcke, der diesen Begriff erfunden hatte, war dabei einer der klarsten und schärfsten Kritiker Freuds. Nun eignet sich Freud dessen Begriff ganz und gar an, ohne dass Näcke irgendetwas dagegen tun kann: Er war im

Jahr zuvor verstorben. An beißendem Spott hätte Näcke sicherlich nicht gespart, wenn ihm Freuds Arbeit zum *Narzissmus* in die Finger gefallen wäre.

Klinische Deskription: Seine Abhandlung leitet Freud folgendermaßen ein: »*Der Terminus Narzissmus entstammt der klinischen Deskription und ist von P. Näcke 1899 zur Bezeichnung jenes Verhaltens gewählt worden, bei welchem ein Individuum den eigenen Leib in ähnlicher Weise behandelt wie sonst den eines Sexualobjekts, ihn also mit sexuellem Wohlgefallen beschaut, streichelt, liebkost, bis es durch diese Vornahmen zur völligen Befriedigung gelangt. In dieser Ausbildung hat der Narzissmus die Bedeutung einer Perversion, welche das gesamte Sexualleben der Person aufgesogen hat, und unterliegt darum auch den Erwartungen, mit denen wir an das Studium aller Perversionen herantreten.*« Freud tut hier so, als sei der psychiatrischen Fachwelt eine klar definierte Perversion namens »*Narzissmus*« bestens bekannt.

Freud und seine jeweiligen Gegensätze zu Ellis und Näcke: Freud redet vom Streicheln und Liebkosen des eigenen Körpers, was Näcke wie auch Ellis in ihren Definitionen des *Narzissmus* eher ausschließen. Unklar bleibt, was genau Freud mit »*völliger Befriedigung*« meint, zu der der Narzisst bei den Liebkosungen seines Körpers schließlich gelange. Meint er hier den Orgasmus, den Näcke noch für eine zwingende Zutat hielt, um »*mit Fug und Recht von Narcismus*« sprechen zu können?

Vermutlich ist Freud von Näckes Klassifizierung des »*Narcismus*« als »*Perversion*« durchaus angetan. Das ist aber auch ungefähr der einzige Punkt, an dem sich die beiden Männer einig sind. Nach Näckes Konzept, das nach Freuds hochtrabender Formulierung der »*klinischen Deskription*« entstammt, ist der *Narzissmus* sehr selten, besteht in einer Betrachtung des eigenen Körpers (die zum Orgasmus führt), kommt häufiger bei Männern vor und hat mit Homosexualität nichts zu tun. Freud bezieht in diesen Punkten eine jeweils konträre Position.

Mit Ellis (1898) stimmt Freud in der Behauptung überein, dass der

Narzissmus vor allem bei Frauen vorkomme. In allen anderen Punkten sind sich auch diese beiden uneinig: Für Ellis ist der *Narzissmus* eher auf Selbstbetrachtung beschränkt und frei von sexueller Erregung, er sei nicht pathologisch, komme sehr selten vor und habe mit Homosexualität nichts zu tun.

Die folgende Tabelle zeigt diese Begriffsverwirrung der drei Autoren über ihre verschiedenen Arbeiten hinweg. Die in Klammern gesetzten Kreuze und Zahlenverhältnisse sollen zum Ausdruck bringen, dass die entsprechenden Einschätzungen nicht ganz eindeutig vorzunehmen sind.

Narzissmus = Selbstbewunderung	Ellis (1898)	Näcke (1899 a)	Näcke (1899 b)	Ellis (1900)	Näcke (1906)	Ellis (1907)	Freud (1914)	Ellis (1922)	Ellis (1927)
… mit Berührung							X	X	
… ohne Berührung	X		(X)	(X)	(X)	(X)			(X)
… mit Orgasmus		(X)	(X)		(X)		(X)	X	
… ohne Orgasmus	X			X		X			X
… v. a. bei Frauen	X			(X)		(X)	X		(X)
… v. a. bei Männern		(8:1)	(8:1)		2:1			(X)	
… pathologisch		X	X		X		X	(X)	
… normal	X			(X)		(X)			X
… selten	(X)	X	X	(X)	X	(X)		(X)	(X)
… häufig							X		
… homosexuell							X		
… heterosexuell	X	X	X	X	X	X		(X)	X

Tabelle 1: Begriffsverwirrung zwischen Ellis, Näcke und Freud.

Seltsames Sammelsurium: Freud zufolge ist *Narzissmus* also eine spezifische Perversion, die das ganze Sexualleben der Betreffenden aufgesogen hat. Diese beschauen und liebkosen ihren eigenen Körper mit sexuellem Wohlgefallen, bis sie zur völligen Befriedigung gelangen. Eine solche Konzentration auf sich selbst, so Freud, finde sich bei Größenwahn und Schizophrenie. Entsprechende Züge zeigten auch Primitive und Kinder, die überzeugt davon seien, mit ihren Gedanken die Welt kontrollieren zu können und sich selbst genügten. Ansonsten wiesen solches Verhalten vor allem Homosexuelle und Perverse auf sowie Frauen und Mütter, die in der Regel nur sich selbst liebten. Noch Fragen?

BEGRIFFS-SCHÖPFUNG MIT UNKLARHEITEN

Unpassender Bezugspunkt: Auffällig dabei: Der mythologische Narziss hat mit diesem von Freud als besonders *narzisstisch* identifizierten Personenkreis nur insofern etwas zu tun, als er genau das Gegenteil davon darstellt. Narziss ist weder schizophren noch größenwahnsinnig, sondern zeigt ein gesundes Selbst-Bewusstsein. Die griechische Kultur seiner Zeit ist weit entfernt davon, primitiv zu sein. Mit seinen 16 Jahren ist er auch kein Kind mehr. Narziss weist das Ansinnen von zwei homosexuellen Männern ausdrücklich zurück. Irgendwelche »*Perversionen*« lässt er nicht erkennen. Und er ist auch nicht gerade der Prototyp einer Frau und Mutter.

Hier ist ein Zusammenhang zurechtgesponnen, der ebenso ungreifbar wie unsinnig und unbelegt ist. Aber die tapferen Freudianer bejubeln die angeblich großartigen Erkenntnisse und Einsichten ihres Meisters, die damals ans Licht gekommen sein sollen. Bis heute.

PSEUDO-KRITIK UND SUGGESTION

Freud und seine Pseudo-Selbstkritik

In seiner Abhandlung von 1914 gesteht Freud selbst ein, dass es zu begrifflichen Unklarheiten gekommen sei. Er geht jedoch forsch in die Offensive: »*Gewiss sind Vorstellungen, wie die einer Ichlibido, Ichtriebenergie und so weiter, weder besonders klar fassbar noch inhaltsreich genug; eine spekulative Theorie der betreffenden Beziehungen würde vor allem einen scharf umschriebenen Begriff zur Grundlage gewinnen wollen. Allein ich meine, das ist eben der Unterschied zwischen einer spekulativen Theorie und einer auf Deutung der Empirie gebauten Wissenschaft.*«

Hier unterscheidet Freud also die (angeblich) »*spekulative Theorie*« von einer »*Wissenschaft*«, die sich auf die »*Deutung der Empirie*« spezialisiert. Er tut hier so, als würden sich saubere Definitionen von Grundbegriffen und sorgfältige Beobachtungen geradezu gegenseitig ausschließen. Dabei ist vielmehr genau das Gegenteil der Fall.

Josef Breuer (vgl. S. 153 f) hatte mit konsequenter Aufrichtigkeit, messerscharfer Logik und präziser Begrifflichkeit die ihm vorliegenden Phänomene durchdrungen und beschrieben. Er erfand 1880 die von ihm so benannte »*Psych-Analyse*« und stand Freud in dessen jungen Jahren als genialer Mentor zur Seite. Von ihm, seiner wissenschaftlichen Redlichkeit und Bescheidenheit setzte sich Freud jedoch schon früh ab; er wollte lieber seine willkürlichen »*Deutungen*« als spektakuläre Entdeckungen verkaufen (vgl. Breger, 2009). Freud (1914): »*Die letztere* [die die Empirie deutende Wissenschaft] *wird der Spekulation das Vorrecht einer glatten, logisch unantastbaren Fundamentierung nicht neiden, sondern sich mit nebelhaft verschwindenden, kaum vorstellbaren Grundgedanken gerne begnügen, die sie im Laufe ihrer Entwicklung klarer zu erfassen hofft, eventuell auch gegen andere einzutauschen bereit ist. Diese Ideen sind nämlich nicht das Fundament der Wissenschaft, auf dem alles ruht; dies ist vielmehr allein die Beobachtung. Sie sind nicht das Unterste, sondern das Oberste des ganzen Baues und können ohne Schaden ersetzt und abgetragen werden.*« Von Freuds Standpunkt aus ist es geradezu logisch, mit seiner Schwindel-Wissenschaft um die Klärung von Begriffen einen großen Bogen zu machen. Mit »*nebelhaft verschwindenden, kaum vorstellbaren Grundgedanken*« lässt sich leichter suggerieren, man wüsste, wovon man spricht.

Freuds Zerknirschung: Insgeheim nimmt Freud allerdings seine nach außen hin so keck zur Schau getragene Selbstsicherheit deutlich zurück. So beispielsweise in einem Brief an den deutschen Neurologen Karl Abraham vom 16.03.1914: »*Ich schicke Ihnen morgen den Narzissmus, der eine schwere Geburt war und alle Deformationen einer solchen zeigt. Er gefällt mir natürlich nicht besonders, aber ich kann jetzt nichts anderes geben. Er bedarf noch sehr der Retouche.*« Und am 06.04.1914, auf eine Antwort von Abraham: »*Dass Sie auch den Narzissmus bei mir abnehmen, rührt mich tief und bindet uns noch inniger aneinander. Ich habe da ein sehr starkes Gefühl von Unzulänglichkeit.*«
Abrahams Trost: Abraham reagiert auf Freuds Pseudo-Selbstkritik mit dem Bemühen, den großen Meister wieder aufzurichten. Sein Lob bleibt dabei – wie könnte es anders sein – sehr allgemein und unkonkret: »*Warum Sie mit dem ›Narzissmus‹ unzufrieden sind, sehe ich nicht recht ein. Ich finde die ganze Arbeit glänzend, und in allem vollkommen überzeugend. Ich will nicht genauer auf den Gedankengang eingehen, sondern nur eines herausheben, nämlich die ganz besonders gelungene Analyse des Beobachtungswahnes, seiner Beziehung zum Gewissen etc. Praktisch besonders wertvoll sind die Ausführungen über das Ichideal. Diese Ausführungen lagen mir schon lange im Sinn, und bei jedem Satz, den ich las, konnte ich schon den weiteren Inhalt ahnen.*« Was hätte er auch anderes sagen sollen? Jeder strengere Lektor wäre bei Freud rasch in Ungnade gefallen.

Sidney Pulver (1972)
Die »*Unzulänglichkeit*« des durch eine schwere Geburt deformierten Sprösslings *Narzissmus* ist auch späteren Autoren aufgefallen. Unter anderem eröffnet der US-amerikanische Psychiater Sidney Pulver 1972 einen Artikel mit der Feststellung: »*In der umfangreichen Literatur über den Narzissmus besteht wahrscheinlich nur über zwei Tatsachen allgemeine Übereinstimmung: erstens, dass das Konzept zu den wichtigsten Erkenntnissen der Psychoanalyse*

gehört; zweitens, dass dieses Konzept sehr verwirrend ist.« Ein *»sehr verwirrend*[es Konzept]*« gehört* zu den *»wichtigsten Erkenntnissen der Psychoanalyse«*? Was sagt das über den Autor und seine Zunft?

Siegfried Zepf und Bernd Nitzschke (1985)

Siegfried Zepf, Lehranalytiker am Saarländischen Institut für Psychoanalyse und Psychotherapie, und der Psychoanalyse-Historiker Bernd Nitzschke konstatieren 1985: *»man* [ist] *zunächst erstaunt über die Vielfalt der klinischen Phänomene, die von verschiedenen Autoren als ›narzisstisch‹ bezeichnet werden. Der Schlaf, das Daumenlutschen des Kindes, das strahlende junge Mädchen vor dem Spiegel, welches sich schön macht, der Wissenschaftler, der über die Verleihung des Nobelpreises stolz ist, gelten ebenso als ›narzisstisch‹ wie die höchste Sublimierung und die tiefste psychotische Regression. In manchen Fällen wird der Narzissmus für eine Erhöhung der männlichen Potenz verantwortlich gemacht, in anderen für ihre Abnahme. Man erkennt den Narzissmus in der Frigidität ebenso wie in der weiblichen Anziehungskraft. (…) Vielfach wurde versucht, das Konzept von Verwirrung und Konfusion zu reinigen. In den verschiedenen theoretischen Bemühungen gelang es jedoch nicht, die im klinischen Alltag als ›narzisstisch‹ bezeichneten Phänomene konsistent mit der Empirie und innerhalb der psychoanalytischen Metapsychologie widerspruchsfrei, d. h. auch in Übereinstimmung mit anderen psychoanalytischen Konzepten, auf einen gemeinsamen Nenner zu bringen.«* Weitergehenden Anstoß an dem Konzept nehmen die Autoren jedoch nicht.

Joachim Wutke (1998)

1998 wiederholt Joachim Wutke diese Klage in einem Internet-Reader der Fachrichtung Psychologie an der Universität des Saarlandes zum Thema *Narzissmus*: *»Die begrifflichen Unschärfen und Ungereimtheiten haben Konsequenzen: das Konzept des Narzissmus ist heute innerhalb der Psychoanalyse (und auch außerhalb) weniger denn je eindeutig bestimmt, es wird gelegentlich sogar* *höchst missverständlich benutzt, es ist theoretisch nicht eindeutig geklärt, und es werden viel zu viele Phänomene unter diesen Begriff subsumiert. (…) Die Unbestimmtheiten erstrecken sich sowohl auf den theoretischen wie deskriptiven oder auch metaphorischen Gebrauch.«*

Begriffs-schöpfung mit Unklarheiten

Das Festhalten an einem verwirrenden Begriff

»*Narzissähnliche Tendenz*« beziehungsweise »*Narcismus*« sind von Anfang an missverständlich definiert. Das von Ellis und Näcke umkreiste Phänomen lässt sich dabei tatsächlich noch auf ein Detail des Mythos zurückführen: auf das verzweifelte Betrachten des eigenen Spiegelbildes durch Narziss – als er von der Göttin Nemesis zwecks Bestrafung mit Selbstliebe verhext ist. Bei der psychoanalytischen Deutung gibt es jedoch so gut wie keinen Zusammenhang mehr zu dem Ursprungs-Mythos. Vielmehr stellt die mythologische Figur, wie gezeigt, geradezu das komplette Gegenteil des Freudschen Sammelsuriums typischer *Narzissten* dar. Kein Wunder, dass sich in solch ein wirres Konzept alles mögliche hineindeuten lässt. Und umgekehrt: Ein solches Konstrukt kann auch allen möglichen Menschen übergestülpt werden.

Selbst ausgefeilte Kriterienkataloge, die festlegen sollen, ob bei jemandem eine »*narzisstische Persönlichkeitsstörung*« (NPS) vorliegt oder nicht, scheinen übrigens nichts daran zu ändern, dass solche Einschätzungen – selbst unter ausgesuchten ExpertInnen – höchst unterschiedlich ausfallen, wie Robert Mestel (2019) zeigt: »*Etwas überspitzt formuliert könnte man sagen, dass man am Ende über den Patienten überhaupt nicht weiß, ob bzw. wie stark er narzisstisch gestört ist – aber man weiß einiges mehr über seine Beurteiler: Die NPS wird deutlich häufiger von Frauen und psychodynamisch orientierten Diagnostikern vergeben.*«

Verwunderlich, mit welch einer Beharrlichkeit an diesem völlig unbestimmten und unklaren Begriff festgehalten wird.

DIE SICHT VON FACHLEUTEN AUF NARZISS

Die American Psychological Association (APA),
die weltweit größte Standesorganisation von Psychologen,
organisierte 2003 zusammen mit der CIA
einen ›Science of Deception‹-Workshop.
Ziel dieses Workshops war es, neueste psychologische Befunde
zu diskutieren und für die Praxis aufzubereiten,
auf deren Basis man ›zum Zweck der nationalen Sicherheit‹
die Bevölkerung am besten täuschen könne.
Mitglieder der APA waren auch an der Entwicklung und Durchführung
der im Gefangenenlager Guantánamo praktizierten Foltertechniken beteiligt,
und die APA bemühte sich öffentlich um eine Rechtfertigung dieser Techniken.

Rainer Mausfeld (Jg. 1949), Professor für Allgemeine Psychologie,
Schwerpunkt Wahrnehmungspsychologie,
Kognitionswissenschaft und Geschichte der Psychologie.
(in: Warum schweigen die Lämmer? 2018, S. 50)

Die Einhelligkeit, mit der gänzlich widersinnige Fehldeutungen
des berührenden, emanzipatorischen Mythos von Narziss
durch internationale »Fachleute« produziert und über alle möglichen Medien
und Verlage auf den Markt geworfen werden, lässt mich daran zweifeln,
dass dies ganz zufällig geschehen sollte. (K. S.)

DAS ROSENHAN-EXPERIMENT

In einem Experiment von David L. Rosenhan (1973) stellten sich er und sieben weitere gesunde Menschen – drei Psychologen, ein Kinderarzt, ein Psychiater, ein graduierter Student, ein Maler und eine Hausfrau – in verschiedenen psychiatrischen Kliniken vor. Sie berichteten dort, sie hätten Stimmen gehört, die zum Teil unverständlich gewesen seien, zum Teil jedoch deutlich »*leer*«, »*hohl*« und »*Bums*« gesagt hätten. Zu allen weiteren Fragen machten sie wahrheitsgetreue Angaben. Ihre Aufgabe war es, die Profis davon zu überzeugen, gesund zu sein, und damit selbst für ihre Entlassung zu sorgen.

Die durchschnittliche Behandlungsdauer betrug 19 Tage. In keinem Fall wurde den »PatientInnen« bei der Entlassung Gesundheit bescheinigt. Vielmehr reichten die Etikettierungen von »*Schizophrenie*« bis »*manisch-depressive Psychose*«, immerhin meist mit dem Zusatz »*in Rückbildung*«. Rosenhan beschreibt, dass in manchen Abschlussberichten problematisches Verhalten regelrecht erfunden wurde, um die Diagnose zu bestätigen. Eindeutig gab es die Tendenz, die Wahrnehmung des Verhaltens dem verwendeten Etikett anzugleichen. Seelen-Fachleute tun sich also recht leicht darin, ihr gesundes Gegenüber für krank zu halten und/oder zu erklären.

Ironie dieses Experiments: Rosenhan berichtet, dass die einzigen Menschen, die erkannten, dass es sich bei den »PatientInnen« um völlig normale Menschen handelte, die Insassen der psychiatrischen Kliniken waren.

Vor-Urteile durch diagnostische Festlegungen machen Fachleute also womöglich blind für eine gesunde Realität. Im Folgenden stelle ich in chronologischer Reihenfolge mehr als 20 Texte von *Narzissmus*-ExpertInnen vor, die – ausgerüstet mit einer festen Vorstellung von dem, was *Narzissmus* zu bedeuten habe – dem Mythos von Narziss gegenübertreten. Wie selbstverständlich werden dem jungen Narziss alle möglichen Eigenschaften angedichtet, die dem *Narzissmus*-Katalog entsprechen. Die Dynamik einer kompakten, überschaubaren Geschichte wird dabei in ihr völliges Gegenteil verkehrt. Das lässt natürlich nicht viel Gutes erwarten, wenn diese »Fachleute« in der Praxis mit ähnlichen Lebens-Geschichten konfrontiert werden.

HYMAN SPOTNITZ & PHILIP RESNIKOFF (1954): *DIE MYTHEN VON NARZISS*

Der US-amerikanische Psychoanalytiker Hyman Spotnitz (* 1908) und sein Co-Autor Philip Resnikoff (* 1922) wollen sechs der hier vorgestellten sieben Versionen vom Leben und Sterben des Narziss mit der psychoanalytischen Theorie Freuds in Deckung bringen. Lediglich auf die Begegnung des Jünglings mit Echo gehen sie nicht ein.

Inzest, Homosexualität, Aggression

Die Autoren sind der Meinung, dass sich Freuds Konzepte in allen Facetten des Mythos mühelos belegen ließen. So beispielsweise ein inzestuöses Begehren, das daraus abgeleitet wird, dass Narziss im Spiegelbild seine Zwillingsschwester zu ergreifen und festzuhalten versucht. Auch der Griff nach der Mutter wird als inzestuöser *»ödipaler«* Impuls ausgelegt. Nicht die nachvollziehbare Trauer um den Tod vertrauter, geliebter Menschen ist also – so diese Autoren – das im Mythos dargestellte Problem, sondern ein unbelegtes, unterstelltes inzestuöses Begehren.

Die Fachleute erkennen auch rasch einen homosexuellen Impuls: Schließlich will Narziss ja sein eigenes Spiegelbild festhalten. Dass sich der Mythos mit der Suche und dem Griff nach dem eigenen Vater ebenfalls derartig deuten ließe, scheint der Spitzfindigkeit der Autoren entgangen zu sein.

Narziss stecke darüber hinaus voller Aggression, die er gegen all jene wende, die um seine Liebe werben: *»Er lud sogar einen Verehrer, den er zurückwies, ein, Selbstmord zu begehen! Narziss sandte seinem zurückgewiesenen Verehrer ein Schwert.«* Die selbstverständliche Geste zur Zurückweisung eines Päderasten im Rahmen der antiken Knabenliebe (vgl. S. 24) wird zur Einladung zum Selbstmord umgemünzt.

Sexuelle Gefühle auslösen und frustrieren

Darüber hinaus, so die Autoren, löse Narziss bei anderen sexuelle Gefühle aus, die er jedoch gleichzeitige frustriere. Im Zusammenhang mit der Ermordung des Narziss durch den zurückgewiesenen »Verehrer« Ellops schreiben die Autoren »*Bemerkenswert, dass Narziss, ein hübscher Jugendlicher mit der Fähigkeit, in anderen Schaulust hervorzurufen, dazu tendierte, aggressive Impulse in denjenigen auszulösen, die mit ihm sexuelle Beziehungen haben wollten.*«

Wenn ich diesen Gedanken auf den Fall von Mia aus Kandel übertrage: Die 15-Jährige hatte wohl die problematische Tendenz, aggressive Impulse in denjenigen auszulösen, die mit ihr eine sexuelle Beziehung haben wollten. So am 27.12.2017. Tags darauf stellte der Sozialpädagoge Dr. Alexander Dexheimer in einem Beitrag für FOCUS-online fest, dass Mias Mörder durch ihre Zurückweisung eine »*narzisstische Kränkung*« erlebt habe. Dabei hat der (fiktive) 16-jährige Narziss durch Ellops genau dasselbe erlebt wie die reale Mia. Der Name des antiken *Opfers* dient heute jedoch dazu, einen *Täter* zu charakterisieren. »Der Täter ist ein Narzisst. Er ist narzisstisch gekränkt.« Das Opfer, Mia, hat ihm diese »*Kränkung*« zugefügt, ihn also krank gemacht. Auch auf diesem Weg ist sie zur Täterin geworden.

Die eigentlichen Täter und Verrückten

Warum nehmen Spotnitz und Resnikoff nicht die verfolgenden *Liebhaber* des Narziss als Urbilder eines krankhaften Egozentrismus ins Visier? Warum lassen sie das Verhalten von Echo, Ellops und Ameinias, den eigentlichen Verrückten, völlig außer Acht? Diese drei geraten in tödliche Verzweiflung, weil sich jemand ihnen entzieht, zu dem sie zuvor keinerlei Kontakt hatten. Die zwei Männer reagieren daraufhin mit massivster Boshaftigkeit:

Erpressung mit Selbstmord beziehungsweise Mord. Will man im Fall von Mia aus Kandel eine Analogie zu dem Mythos von Narziss sehen, so kann sie nur darin zum Ausdruck gebracht werden, dass man sagt: »Der Täter war ellopsistisch gestört!« Durch nichts anderes.

EMILIO MODENA (1983): *UNTER DEM BANNER DES NARZISSMUS*

Diffamierung von Alice Miller

Alice Miller hat im Rahmen der sogenannten *Narzissmus*-Forschung an vielen Beispielen deutlich herausgearbeitet, dass brutale *Erziehung* – oftmals durch die eigenen Eltern – Kinder massiv traumatisieren kann, die dabei lernen, ihr *wahres Selbst*, ihr angeborenes Gespür für eigene Bedürfnisse und Wünsche, zu missachten. Mit dieser Sicht hatte Miller der klassischen Trieblehre Freuds – Stichwort *Ödipuskomplex*: das Kind selbst bedrängt angeblich seine Eltern – radikal widersprochen. Wegen ihrer offenen Kritik an Freud wurde sie in den 1980er Jahren aus der psychoanalytischen Gemeinschaft hinausgemobbt, unter anderem von dem Schweizer Psychoanalytiker Emilio Modena (* 1941). Modenas Beitrag dient vor allem der Diffamierung von Miller. Was den Text interessant macht: Modena verweist hier auf die Mythensammlung von Wieseler und zitiert sie. Seine Verarbeitung dieser Quelle ist jedoch ziemlich speziell.

Trauer = Depression

»*So wird die depressive Verstimmung des Narkissos einmal mit dem Verlust der Zwillingsschwester, einmal mit der Suche nach der Mutter oder dem Vater erklärt.*« Modena glaubt hier von »*depressiver Verstimmung*«, also von etwas Krankhaftem, reden zu müssen. Meines Erachtens sollte er jedoch die natürliche, nachvollziehbare Trauer um den Verlust naher Angehöriger, der Zwillingsschwester oder der Eltern, als angemessenen Ausdruck von lebendigen Gefühlen anerkennen.

Abweisung = unerlaubte Kränkung

Für Modena scheint »*das gemeinsame Motiv* [der verschiedenen Mythos-Varianten; K. S.] *in der Bestrafung des Jünglings für seine Sprödigkeit zu liegen. Narkissos zog es vor, auf die Jagd zu gehen und in den Wäldern umherzustreifen, statt dem Liebesgott zu dienen: er war ein Wilder, ein Rebell. Und wenn man weiß, dass in seiner Heimat Thespeia in Böotien die Knabenliebe allgemeiner Brauch war – Eros war dort als wichtige Gottheit gefeiert –, kann man verstehen, dass die erwachsenen Männer gekränkt sein mussten, als gerade ein Jüngling von ausgesuchter Schönheit ihnen seine Dienste versagte.*« In einer Gesellschaft, in der die Knabenliebe fest institutionalisiert ist, verdienen also jene in ihrem Gekränkt-Sein verstanden zu werden, die sich darüber ärgern, dass ein besonders schöner Jüngling »*ihnen seine Dienste versagte*«. Die daraus resultierende Gewalt des Ellops gegen Narziss scheint für Modena damit erklärlich. Dann ist es also auch legitim, für die Ermordung einer jungen Frau in einer Kultur mit etablierter Heterosexualität Verständnis zu haben, wenn sie – trotz ihrer Jugend und besonderen Schönheit – den Männern ihre »*Dienste versagte*«?

HERIBERT WAHL (1985): *NARZISSMUS?*

Traumatisch-tragisches Scheitern einer primären, archaischen Selbstobjekt-Beziehung

Bei Heribert Wahl, einem deutschen habilitierten Pastoralpsychologen und Psychoanalytiker (* 1945), ist zu lesen: »*Nimmt man Ovids dichterische Erweiterung – quasi als Assoziationen – hinzu, wonach der Flussgott Kephissos die Mutter des Narziss, die Quellnymphe Leiriope, vergewaltigte, so wird noch deutlicher, dass es um eine primäre, archaische Selbstobjekt-Beziehung zu einer Mutterfigur geht, und zwar um deren traumatisch-tragisches Scheitern!*« Mit dieser verschraubten Begrifflichkeit erspart sich Wahl, konkrete Aspekte dieser Beziehung herauszuarbeiten und auf Probleme hin zu untersuchen. Die Quellen geben im Grunde für die Erforschung der Mutter-Kind-Beziehung wenig her. Da jedoch von

Narziss gesagt wird, dass er ein äußerst liebenswertes Kind gewesen sei, liegt für mich nahe: A) Er dürfte auf die eigene Mutter kaum anders gewirkt haben, ein »*Scheitern*« dieser Beziehung ist also unwahrscheinlich. B) Sein gesundes Selbst-Bewusstsein lässt auf eine tragfähige, bestärkende Beziehung zu seinen primären Bezugspersonen schließen.

Trug der Vorstellung

»*Bei Ovid empfindet jedenfalls der desillusionierte Narziss keine narzisstische Befriedigung über seine eigene Schönheit, eher tiefe Verzweiflung und Todeswunsch, weil der ›Fremde‹ nicht existiert – er stirbt an der Ent-Täuschung, dass sein Liebesobjekt keine unabhängige Existenz hat, sondern nur Trug seiner Vorstellung ist (Vinge 16f.).*« Wahls Formulierung von der »*Ent-Täuschung*« lenkt in eine falsche Richtung – als hätte Narziss unter einer Wahrnehmungs-Täuschung gelitten. Pausanias formuliert ausdrücklich, dass Narziss sehr wohl bewusst ist, sein eigenes Spiegelbild vor sich zu haben. Ihm ist klar, dass er in der Quelle nichts Existentes fassen wird. Weil er sich diesbezüglich zuvor gar nicht ge-täuscht hatte, muss er nach dem Griff ins Wasser in diesem Sinne auch nicht ent-täuscht sein. Er weiß, dass die ersehnte Zwillingsschwester unwiederbringlich verloren ist. Sein Gemütszustand wäre mit (massiver) Trauer viel passender und klarer beschrieben, als mit »*Ent-Täuschung*«.

Geschwister-Inzest

Auch Wahl gehört zu jenen, die über den Geschwisterinzest mutmaßen: »*Diese ›andere‹ Person taucht in der 2. Version des Pausanias in Gestalt der ihm völlig gleichen Zwillingsschwester auf. Die alter-ego- bzw. Zwillingsphantasie ist dabei als inzestuöse Liebesbeziehung verkleidet, was die unvollständige Differenzierung unterstreicht: das Selbstobjekt ›stirbt‹, was den Tod des Narziss einschließt.*« Der Tod einer Zwillingsschwester kann auch ohne jeglichen inzestuösen Hintergedanken sehr schmerzhaft sein. Bei

Pausanias kommt genau dies zum Ausdruck. Dahinter muss sich keine »*Zwillingsphantasie*« verbergen, vielmehr spiegelt es vermutlich einfach nur unmittelbares Erleben.

Mangelnde Differenzierungsfähigkeit

»*Wenn Narziss sich in sein Schattenbild verliebt, ohne es zu merken, stirbt er an seiner illusionären Liebe zu einem ›anderen‹. (…) genau diese Differenzierungsfähigkeit zwischen Selbst und Objekt, und damit die Beziehungs- und Liebesfähigkeit* [ist] *bei Narziss nicht gegeben; ihm fehlt demnach ein spiegelndes Selbstobjekt, das ihm diese Differenz validiert und dadurch sein Anderssein bestätigt!*«

Narziss ist sich sehr wohl bewusst, dass der Tod ein liebevolles Zusammensein mit seiner Zwillingsschwester unmöglich gemacht hat. Genauso bewusst ist ihm, dass er weder seine Angehörigen noch sich selbst noch sonst irgendetwas festhalten kann. Sein Spiegelbild im Wasser erinnert ihn daran. An der Vergänglichkeit ist nicht zu rütteln. Daran leidet er.

Wollte Wahl wirklich »*mangelnde Differenzierungsfähigkeit*« als Problem untersuchen, dann fände er in Echo, Ameinias und Ellops lohnenswerte Untersuchungsobjekte. Diese drei können offenbar nicht zwischen ihrer eigenen Verliebtheit und dem Gefühl des Narziss »*differenzieren*«.

KATHRIN ASPER (1994): *VERLASSENHEIT UND SELBSTENTFREMDUNG*

Ein buntes Sammelsurium

Kathrin Asper (* 1941), promovierte Literaturwissenschaftlerin, Psychotherapeutin und Lehranalytikerin aus der Schweiz, listet in ihrem Buch als »*Wesenszüge des narzisstischen Menschen*« auf: *Angst vor Verlassenheit, Gefühlsdefizienz, Grandiosität und Depression, gestörte Sexualität, mangelndes Symbolverständnis, unzureichende Wahrnehmung, mangelndes biografisches Bewusstsein, übermäßige Angst, unproportionierte Wut, unausgewogene Nähe und Ferne, Konzentrationsmangel, übermäßige Scham und*

unklare Bedürfnisse. Solche Probleme vermag man durchaus an Menschen zu beobachten – keine Frage. Aber passen sie auch zu dem Narziss aus dem Mythos, wie er im Detail beschrieben wird? Narziss leidet daran, dass ihm Vater, Mutter oder Zwillingsschwester verlorengegangen sind. »*Angst vor Verlassenheit*« spielt hier vielleicht eine kleine Nebenrolle. Aber im Vordergrund steht die *Trauer*. Ist das »*Gefühlsdefizienz*«? Und dass Narziss gegenüber Echo, Ameinias oder Ellops eine – nachvollziehbare – Abneigung zeigt, auch das ist ein deutliches Gefühl. Hierin spiegelt sich eher das Gegenteil einer »*Angst vor Verlassenheit*«.
Und sollte es Ausdruck »*gestörter Sexualität*« sein, dass Narziss auf das eindeutige Angebot einer ihm fremden, hohlen Nymphe zum sofortigen Vollzug des Geschlechtsverkehrs ablehnend reagiert? Soll es »*gestört*« sein, dass Narziss Sex mit Männern ablehnt – jedenfalls mit Ameinias und Ellops? Ist das nicht eher gesundes Selbstbewusstsein?
Wut kann, wie jedes Gefühl, prinzipiell mit einer guten Absicht verbunden sein. Sie kann uns die Energie bereitstellen, die wir zur Verteidigung unserer Grenzen benötigen. Diese »*Wut*« – oder besser gesagt: dieser klare Wille zur Abgrenzung – ist bei Narziss deutlich zu erkennen, als er die hohle Nymphe abschüttelt, die sich ihm gerade an den Hals geworfen hat. Diese »*Wut*« ist jedoch keineswegs irgendwie »*unproportioniert*«. Er will halt keinen Sex mit Echo. Ist doch kein Problem, oder?
Und wo genau sollten sich in der Geschichte des Narziss Belege für die weiteren von Asper als »*narzisstisch*« aufgelisteten Verhaltensmerkmale finden? Wir sehen: Solche Zuschreibungen können völlig wahllos ausfallen. Wenn Fachleute wollen, dann deuten sie in jede x-beliebige Lebensgeschichte irgendetwas Gestörtes hinein.

Gier nach Echo

Asper produziert noch einen geradezu witzigen Widerspruch: Ein *Narzisst* zeichne sich durch ein »*Streben nach Echo*« oder sogar eine »*Gier nach Echo*« aus. Die Unsinnigkeit dieser Aussage ist, auf den Mythos übertragen, kaum noch zu überbieten. Narziss möchte mit Echo nun mal nichts zu tun haben. Genau das macht Asper dem schönen Jüngling aus dem Mythos aber ebenso zum Vorwurf: »*Selbst mit der Nymphe Echo kommt es zu keiner Beziehung; wie Echo sich nähert, ruft er: ›(...) Fort! mit den Händen und Armen! Eher würde ich sterben‹ (390/1). Echo, Bewunderung ersehnt sich der narzisstische Mensch und ist bereit, dafür manchen Kompromiss einzugehen. Im Gedicht Ovids jedoch kann Narzissus nicht einmal Echo lieben. Dies weist auf die tiefliegende Unfähigkeit (nicht im moralischen Sinne gemeint!) narzisstisch beeinträchtigter Menschen hin, echtes Echo, wahre Anerkennung wirklich auch auf emotionaler Ebene anzunehmen.*«

Liebe Frau Asper: Echo ist doch bloß auf der Suche nach jemandem, dem sie wortwörtlich nachplappern kann. Wenn sie Narziss wirklich lieben würde, dann würde sie ihn mit ihrem hohlen Geschwätz verschonen. Narziss kann mit Echo gar keine Liebesbeziehung eingehen: Sie ist kein richtiges Gegenüber, kein *Du*. Sie ist halt nur Echo. Es fiele Narziss nicht im Traum ein, Echo zu »*ersehnen*« oder »*auf emotionaler Ebene annehmen*« zu wollen. Er will – völlig zu Recht – mit dieser hohlen Nymphe nichts zu tun haben. Basta. Und dann: »*echtes Echo*« – das ist zwar eine schöne Alliteration, aber ansonsten genauso unsinnig, als würden Sie von einer *echten Kopie* reden. An einem Echo ist eben – wie an einer Kopie – nichts Echtes. Das liegt in der Natur der Sache.

MARIE-FRANCE HIRIGOYEN (1999): *DIE MASKEN DER NIEDERTRACHT*

Vorurteile über Narziss

In ihrem Buch beschreibt die französische Psychiaterin und Psychoanalytikerin Marie-France Hirigoyen (* 1949) recht unsympathische Menschen, zumeist Männer, und ermutigt jene, die in Beziehung zu diesen Menschen stehen, zumeist Frauen, sich gegen schlechte Behandlung effektiv und konsequent zu wehren. Das ist ein ehrenwertes Anliegen. Das, was Hirigoyen jedoch

Marie-France Hirigoyen (1999): *Die Masken der Niedertracht*

an monsterhaftem – durchaus vorkommendem – Verhalten beschreibt, setzt sie völlig unkritisch mit dem griechischen Mythos in Beziehung: »*Ein Narziss, im Sinne des Narziss bei Ovid, ist jemand, der glaubt, sich zu finden, indem er sich im Spiegel betrachtet. Sein Leben lang sucht er sein Spiegelbild im Blick des anderen. Der andere existiert nicht als Individuum, sondern als Spiegel. Ein Narziss ist eine leere Schale, die kein Eigenleben hat; er ist ein ›Pseudo‹, der zu täuschen sucht, um seine Leere zu tarnen. Sein Lebenslauf ist der Versuch, dem Tod aus dem Weg zu gehen. Er ist jemand, der nie als menschliches Wesen anerkannt wurde und der gezwungen war, sich ein Spiegelbild zu entwerfen, um sich der Illusion hinzugeben, zu existieren. Wie ein Kaleidoskop wiederholt und vervielfacht er sich dieses Spiel der Spiegel, doch vergebens; dieses Individuum hat keinen Boden unter den Füßen.*« Da Hirigoyen mit keiner Silbe näher auf den Mythos eingeht, wissen wir nicht, wie sie zu solchen Weisheiten über Narziss gelangt ist. Sie bedient mit ihren Phrasen das konventionelle Unverständnis gegenüber dem griechischen Jüngling und reichert es an. Der Mythos erzählt jedenfalls das Gegenteil: Narziss legt keinen Wert auf Echo. Und er benötigt auch keine Bewunderung durch Ameinias oder Ellops.

Substanzlosigkeit oder Eigenständigkeit?

»*Der Narziss wird, da er keine Substanz hat, sich an den anderen ›ankoppeln‹ und wie ein Vampir versuchen, ihm sein Leben auszusaugen. (…) Die Perversen empfinden eindeutig ein maßloses, ›lebenswichtiges‹ Vergnügen am Leiden des anderen und an seinen Zweifeln, wie sie auch Vergnügen daran finden, ihn zu unterjochen und zu demütigen. Alles beginnt und erklärt sich mit dem hohlen Narziss, Spiegelbild anstelle eines Selbst und innen hohl; wie ein Roboter, der Leben imitiert, die Gestalt oder alle Leistungen des Lebens zu bieten scheint, aber ohne Leben ist. Die sexuelle Liederlichkeit oder die Bosheit sind nur die unvermeidlichen Folgen dieses leeren Gebäudes. Wie die Vampire muss sich der leere Narziss von der Substanz anderer ernähren. Wenn das Leben nicht da ist, muß man versuchen, sich eines zu verschaffen oder, wenn das nicht gelingt, es zerstören, damit nirgends Leben sei.«* In Hirigoyens Ausführungen erkenne ich am ehesten das Verhalten von Echo, Ameinias und Ellops wieder. Es ist Echo, die offenbar *»keine Substanz«* hat, kein eigenes Leben, und die deshalb andere benötigt, um sich mit Leben zu füllen und »Gespräche« führen zu können. Es ist Ameinias, der zerstörerische *»Bosheit«* zeigt, als er bei seinem Selbstmord noch die Götter anfleht, sie mögen den Narziss bestrafen, weil er ihm nicht willfährig gewesen ist – was dann auch geschieht und mit dem Tod des Narziss endet. Es ist Ellops, der wie ein *»Vampir«* dem Narziss das Leben nimmt, weil er ihn offenbar niemand anderem gönnen mag. Auch *»sexuelle Liederlichkeit«* lässt sich – wenn überhaupt – eher den Widersachern des Narziss nachsagen, aber *nicht* ihm selbst.

In einem neueren Werk (2020) versucht Hirigoyen, uns das Gegenteil weiszumachen. Hier heißt es jetzt, dass Narziss die arme Echo *»brutal zurückweist«*. Mal boshafte Unterdrückung und Ausbeutung, mal brutale Zurückweisung. Das selbstverständliche Handeln von Narziss muss für beides herhalten. Und die Autorin tut zumindest so, als ob ihr der krasse Widerspruch in ihren Konstruktionen nicht ansatzweise auffallen würde.

Hirigoyen erklärt leichtfertig das eigentliche Opfer zum vampiristischen Täter. Wie unbefangen wird sie dann auch in der Einschätzung anderer Menschen ein Fehlurteil abgeben? Ohne Zweifel gibt es Menschen, die es ohne Skrupel darauf anlegen, andere gefügig zu machen, zu beherrschen, zu unterdrücken, auszubeuten, sie ihrer Vitalität zu berauben, ganz für sich zu vereinnahmen. Aber warum benennt Hirigoyen solch ein angeprangertes Verhalten nicht als Echoismus, Ellopsismus oder Ameiniasismus – belegt es also mit den Namen derjenigen, die in demselben Mythos genau solche Verhaltensweisen zeigen? Und – da wir heute doch die wenigen Menschen kennen, die ein Vermögen zusammengerafft haben, das dem entspricht, was die ärmere Hälfte der Menschheit besitzt: Warum benutzt Hirigoyen zur Bezeichnung vampiristischen

Verhaltens nicht einen dieser Namen, statt den des selbstbewussten fiktiven griechischen Jünglings? Will sie daran mitwirken, dass von den tatsächlichen Gewaltverhältnissen auf dieser Welt weiter abgelenkt wird?

HEINZ-PETER RÖHR (1999): *NARZISSMUS*

Auch in Märchen finden sich oft – wie in Mythen – kluge psychologische Analysen von alltäglichen Problemen. Der deutsche Pädagoge und langjährige Suchttherapeut Heinz-Peter Röhr (* 1949) glaubt, die Problematik einer narzisstischen Persönlichkeitsstörung in einem Grimm'schen Märchen – *Der Eisenofen* – geschildert zu finden. Hier bietet der Märchentext nun uns allen dieselbe Grundlage zur Einschätzung.

Der Eisenofen nach den Gebrüdern Grimm

Ein Königssohn ist von einer Hexe dazu verdammt, in einem großen Eisenofen im Wald gefangen zu sein. Da bringt er viele Jahre zu. Eines Tages hat sich eine Königstochter dorthin verlaufen, die nicht mehr in das Schloss ihres Vaters zurückfindet. Sie ist erschöpft und nervlich am Ende. Der Prinz fragt sie aus dem Ofen heraus, was denn los sei, und bietet an, ihr zur Heimkehr zu verhelfen. Sie müsse jedoch vertraglich zusichern, ihn zu heiraten. Er sei der Sohn eines bedeutenden Königs. Sie erschrickt zunächst und weiß nicht so genau, was sie von diesem Eisenofen halten soll. Dann aber lässt sie sich auf den Deal ein und unterschreibt. Der Prinz bittet sie noch, bei ihrer Rückkehr ein Messer mitzubringen, um damit ein Loch in das Eisen zu schrappen. Sodann gesellt sich ein Gefährte zu der Königstochter, der sie innerhalb von zwei Stunden nach Hause bringt.

Zweimaliger Bruch der Abmachung: Die Freude im Schloss ist groß. Die Prinzessin selbst ist jedoch betrübt wegen ihrer Zusage an den Eisenofen, von der sie ihrem Vater erzählt. König und Prinzessin entwickeln gemeinsam den Plan, die hübsche Müllerstochter zum Eisenofen zu schicken. Diese schrappt vierundzwanzig

Stunden lang weisungsgemäß daran herum – ohne jeden Erfolg. Am Ende gibt sie sich auch noch als Müllerstochter zu erkennen. Der Prinz im Eisenofen besteht darauf, dass sie die echte Prinzessin schickt. Das Entsetzen im Königshaus ist groß, und die Prinzessin bricht in Tränen aus. Vater und Tochter bieten nun der feschen Schweinehirtentochter eine Stange Geld – und so macht auch diese sich voller Elan auf den Weg und ans Werk. Aber auch sie schrappt genauso lang vergebens und offenbart am Ende ebenso ihre wahre Identität. Mit Nachdruck fordert der Prinz im Eisenofen nun, dass endlich die echte Königstochter erscheine. Er werde sich weiterhin an seine Zusagen halten. Komme die Prinzessin jedoch nicht, dann – so droht er – »*sollte im ganzen Reich alles zerfallen und einstürzen und kein Stein auf dem andern bleiben.*«

Widerwillige Vertragserfüllung – mit schönen Aussichten: Das Elend im Schloss ist nun gewaltig. Erneut bricht die Prinzessin in Tränen aus. Aber jetzt bleibt ihr nichts anderes mehr übrig, als sich selbst mit einem Messer zum Eisenofen zu begeben. Nach nur zwei Stunden hat sie schon ein kleines Loch geschabt, so dass sie ins Innere blicken kann. Zu ihrem Entzücken erspäht sie »*einen so schönen Jüngling, ach, der glimmerte in Gold und Edelsteinen, dass er ihr recht in der Seele gefiel.*« Diese Aussicht auf eine richtig gute Partie motiviert sie aufs Äußerste – und recht bald ist das Loch so groß, dass der Königssohn hindurch gelangt. »*Da sprach er ›du bist mein und ich bin dein, du bist meine Braut und hast mich erlöst.‹*« Er will die Prinzessin nun in sein Reich führen. Diese hat jedoch noch eine Bitte: Sie will zuvor noch von ihrem Vater Abschied nehmen. Der Prinz ist einverstanden, stellt aber eine Bedingung: Sie »*sollte nicht mehr mit ihrem Vater sprechen als drei Worte, und dann sollte sie wiederkommen.*« Abermals gibt die Prinzessin ihre Zusage, die sie jedoch abermals bricht. »*Da verschwand alsbald der Eisenofen und ward weit weg gerückt über gläserne Berge und schneidende Schwerter; doch der Königssohn war erlöst, und nicht mehr darin eingeschlossen.*« Als die Königstochter das Verschwinden des Prinzen bemerkt, dämmert ihr, dass sie es gründlich vergeigt hat.

Die Läuterung der Prinzessin: Nun beginnt die Prinzessin, sich ins Zeug zu legen, um den Prinzen wiederzufinden. Dabei muss sie etliche Hindernisse überwinden und Aufgaben erledigen. Sie ist sich aber für nichts mehr zu schade. Am Ende hat sie auch noch eine Konkurrentin zu überwinden – »*die wollte er* [der Prinz] *heiraten, denn er dachte, sie* [die Prinzessin] *wäre längst gestorben.*« Zwei Nächte verbringt die Prinzessin an der Seite des schlafenden Prinzen und versucht unter lautem Wehklagen, ihn an seine Befreiung aus dem Eisenofen zu erinnern. Er ist jedoch durch einen Schlaftrunk so betäubt, dass er nichts mitbekommt. Am nächsten Morgen aber berichtet ihm ein Diener von der nächtlichen Klage der Prinzessin. In der dritten Nacht »*ließ der Prinz den Schlaftrunk vorbeilaufen*«. Die Prinzessin kann sich ihm nun zu erkennen geben. Und »*so sprang der Königssohn auf und sprach ›du bist die rechte, du bist mein, und ich bin dein.*‹« Happy End.

Röhrs Deutung

Wut, Neid, Hass: Röhr unterstellt dem Prinzen eine Fülle von negativen Eigenschaften: Wut, Neid und Hass seien seine dominierenden Gefühle. Dabei bewirkt der Prinz lediglich mit einer einzigen Drohung, dass sich die Prinzessin – nach ihrem zweimaligen Wortbruch – endlich an die Abmachung hält. Er bleibt dabei relativ gelassen, wünscht sich nur noch, dass sie sich bei der Verabschiedung von ihrem Vater kurz hält. Aber auch diese Abmachung wird von der Prinzessin gebrochen. Da verschwindet er einfach. Er macht der Prinzessin keine Szene, wird auch nicht ausfällig. Er zieht sich lediglich zurück und ist dann erst einmal nicht mehr erreichbar.
Röhrs weitere Unterstellungen: Niemand sei dem Prinzen für eine Beziehung gut genug. Er könne keine gleichberechtigte Beziehung ertragen, suche jemanden, der abhängig sei und sich unterlegen fühle, er wolle sich nur in Bewunderung und Bestätigung sonnen. Hinter einer großartigen Fassade verberge er seine Kleinheit und Verletzlichkeit. Für all diese Vorwürfe gibt es im Märchen nicht die geringsten Anhaltspunkte.

Tiefe Gefühle: Ebenso leichtfertig, wie Röhr den Prinzen abwertet, sieht er im Weinen der Prinzessin ein »*tiefes*« Gefühl. Der Prinz sei davon »*magisch angezogen*«. Das ist kaum zu glauben, denn die Prinzessin zeigt dieses »*Gefühl*« nur, weil sich der Prinz nicht mit Müllers- und Schweinehirtentochter hinters Licht führen lässt und – zu Recht – einfordert, dass sie ihre Zusage auch persönlich einhält.

Drei Worte: Röhr missbilligt die Forderung des Prinzen, dass die Königstochter nur drei Worte zum Abschied sagen dürfe. Er scheint blind zu sein für die problematische Rolle des Vaters, der hier ja seine Tochter in ihrer Wortbrüchigkeit stützt – womöglich will er sie in eigener Abhängigkeit halten. Ihm gegenüber bräuchte die Prinzessin eine klare Entschlossenheit, die ein Dreiwort-Satz zum Ausdruck bringen könnte: »Ich heirate ihn!« Oder: »Ich ziehe aus!« Röhr schließt stattdessen auf eine »*krankhafte Eifersucht*« des Prinzen auf den König. Darüber hinaus sei er unversöhnlich, lehne sich selbst ab, finde sich hässlich, wolle andere dominieren, unterwerfen und abwerten, sei misstrauisch und vieles andere mehr.

Auch Röhr illustriert: Wenn psychologisch geschulte Fachleute glauben, sie hätten es bei ihrem Gegenüber mit einem *Narzissten* zu tun, dann deuten sie skrupellos und von oben herab alle möglichen unsympathischen Eigenschaften in diesen Menschen hinein. Sie sind dann anscheinend nicht mehr in der Lage, ihre Beurteilung mit der Realität abzugleichen.

WENDY BEHARY (2009): *DER ›FEIND‹ AN IHRER SEITE*

Gegenwehr gegen Bedrängnis

Das ehrenwerte Anliegen der Amerikanerin Wendy Behary (* 1957), ehemalige Leiterin eines Instituts für kognitive Therapie in New Jersey, ist es, ihrem Publikum die Gegenwehr gegen egozentrische Menschen nahezubringen. Für den von Egozentrikern bedrängten Narziss hat sie dabei jedoch keinerlei Mitgefühl. Ihm sei beschieden gewesen, sich »*für alle Ewigkeit in sein Spiegelbild in* *einem Teich zu verlieben, weil er sich geweigert hatte, die Liebe der Nymphe Echo, einer jungen Bergnymphe, zu erhören.«* Dass dieses Beschieden-Sein auf eine – ungerechte! – Bestrafung zurückgeht, scheint Behary keiner Bemerkung wert zu sein. Unkritisch etikettiert sie das Ansinnen der Bergnymphe Echo als »*Liebe*«. »Aufdringlichkeit« würde meines Erachtens besser passen. Behary verschweigt ebenso, dass bei dieser Bestrafung sowohl das Schicksal der Echo als auch der Suizid des aufdringlichen Ameinias zu Buche schlagen. Unerwähnt bleibt schließlich noch, dass sich – nach Ovid – ausdrücklich mehrere junge Frauen und Männer bei dem 16-Jährigen um eine Beziehung bewerben. Wie hätte er denn alle »*erhören*« sollen, ohne irgendjemanden zu enttäuschen?

Was ist ein Narzisst?

Aus der Erzählung schließt Behary unkritisch auf weitere Eigenschaften der Gestalt: Narzissten seien oft völlig mit sich selbst beschäftigt, wollten perfekt erscheinen, den Neid anderer erregen. Sie seien nicht in der Lage, anderen Menschen zuzuhören, sich um sie zu kümmern oder deren Bedürfnisse zu verstehen. Echo, Ameinias und Ellops würden sicherlich diesen Vorwurf an Narziss sofort unterschreiben. Aber deren Beurteilungen sollten wir nicht folgen.

Ein Narzissten-Test

Behary gibt ihren LeserInnen einen Narzissten-Test an die Hand, mit dessen Hilfe sie ihr soziales Umfeld taxieren könnten: Um zu erkennen, ob man es mit einem Fall von »*offen dysfunktionalem Narzissmus*« zu tun habe, müsse diese Person mindestens 10 der 13 aufgelisteten Merkmale erfüllen: *egozentrisch, anspruchsvoll* (verstanden als: »*stellt die Regeln auf, verstößt aber selbst dagegen*«), *erniedrigend, fordernd, misstrauisch, perfektionistisch, snobistisch, Anerkennung heischend, Mangel an Empathie, ohne Reue, zwanghaft, süchtig, emotional distanziert.* Der Narziss aus dem Mythos erfüllt exakt kein einziges Kriterium aus dieser Liste. Das ist

jedoch für Behary kein Problem: »*Falls Sie weniger Punkte auf der Liste (…) markiert haben, haben Sie es vielleicht mit einem zwar anstrengenden, aber weniger unangenehmen Narzissten zu tun. Der Narzissmus manifestiert sich in einem Spektrum, das von gesundem Narzissmus am einen Ende bis zu offenem und verdecktem dysfunktionalem Narzissmus am andern reicht.*« Ein gesunder *Narzisst* – also beispielsweise der aus dem Mythos – darf ruhig 0 Punkte in diesem Narzissten-Test erzielen, ist aber durchaus ebenso ein *Narzisst* – eben ein »*weniger unangenehmer*«.
Mit großer Beliebigkeit wird der Begriff *Narzissmus* ins Unendliche ausgewalzt – basierend auf einer Geschichte, deren Gehalt die Autorin offenbar noch nicht einmal annähernd verstanden hat.

BÄRBEL WARDETZKI (2009): *EITLE LIEBE*

Verantwortlich für den Tod der VerehrerInnen

Die promovierte Psychotherapeutin und Supervisorin Bärbel Wardetzki (*1952) berichtet über Narziss: »*Seine Schönheit zog Männer und Frauen an, deren Liebe er aber zurückwies. Er war ›von trotzigem Stolz auf seine eigene Schönheit erfüllt‹ und unfähig, Liebe zu geben und zu empfangen. Narziss öffnete niemandem sein Herz, auch denen nicht, die ihn liebten. Aber er wehrte nicht nur ihre Liebe ab, er brachte seine Verehrer und Verehrerinnen auch um ihr Leben. So siechte die Nymphe Echo vor Liebeskummer dahin und zerbrach an der Zurückweisung durch Narziss. Ameinios, seinem aufdringlichen Bewerber, schickte Narziss ein Schwert, mit dem sich dieser erstach.*« Hat Wardetzki in ihrer Praxis jemals mit Menschen zu tun gehabt, die mit Suiziddrohungen zu einer *Beziehung* erpresst werden sollten? Aus meiner Praxis weiß ich jedenfalls (vgl. S. 25): Für die Opfer dieser Nötigung ist das die Hölle! Gemäß ihrem Buch müsste Wardetzki in solch einem Fall sagen: »Ja, Sie haben Ihren Verehrer um sein Leben gebracht!« Solch eine Opfer-Täter-Umkehr schadet Betroffenen massiv.

Bärbel Wardetzki (2009): *Eitle Liebe*

Ablehnung von Nähe

Für Narziss habe sich *»alles ausschließlich um ihn«* gedreht, die anderen seien *»nur Staffage«* gewesen. Seine Beziehungen hätten *»hauptsächlich auf Bewunderung und Äußerlichkeiten«* beruht. Ihnen hätte *»die Tiefe« gefehlt, die er »durch Ablehnung jeglicher Liebe und Nähe«* selbst verhindert habe. Dabei legt Narziss doch gar keinen Wert auf Bewunderung durch andere. Er konzentriert sich ganz auf den liebevollen Kontakt zu Zwillingsschwester, Eltern und ein paar Freunden. Was erwartet Wardetzki denn bei einem 16-jährigen Jugendlichen – über die familiären und gewachsenen freundschaftlichen Beziehungen hinaus – an besonderer *»Tiefe«* im Kontakt zu anderen? Woher nimmt sie die Zuschreibungen von *»Ablehnung«* und *»Verhinderung von Nähe«*? Hätte sich Narziss nach Wardetzki tatsächlich auf die aufgedrängte *»Liebe«* von Echo und Ameinias oder gar Ellops einlassen müssen? Diese Analysen gehen völlig an dem Mythos vorbei.

Kein Interesse an (s)einem Echo

Wardetzki äußert an anderer Stelle über Narziss und Echo: *»Er geht nicht auf sie ein, nimmt weder Rücksicht auf sie, noch interessiert er sich für das, was sie ausdrücken will. Es geht ihm nur um sich. (…)* [Er] *kann kein wirkliches Echo, keine wirkliche Zuneigung aushalten, geschweige denn annehmen.«* Ovid erzählt uns, wie Narziss in den Wald hineinruft und von Echo ein Echo erhält. Sollte er da ernsthaft denken: »Ooohhhh! Das ist ja interessant! Was Echo damit wohl ausdrücken will? Dieses Echo kann ich wirklich gut annehmen!« Merkt Wardetzki gar nicht, wie sie sich mit einem solchen Unverständnis der Situation komplett lächerlich macht?

GERHARD DAMMANN (2012): *NARZISSMUS*

Narziss, Ikaros, Prometheus, Luzifer

Der Schweizer Gerhard Dammann (* 1963), ärztlicher Direktor der psychiatrischen Klinik Münsterlingen und Honorarprofessor einer ukrainischen Universität, fächert zunächst das mythologische Panoptikum ein wenig breiter auf: »*Narkissos (und die ihm verwandten Ikaros und Prometheus) markieren das Thema des Neids, der Arroganz und Objektlosigkeit, wie wir es auch in der christlichen Religion in der Gestalt des gefallenen, aber unversöhnlichen und in sich gefangenen Engels Luzifer finden.*« Schon allein die von Dammann vorgenommene Gleichsetzung des Narziss mit Ikaros, Prometheus und Luzifer stiftet aus meiner Sicht nur unnötige Verwirrung. Angeblich finde sich auch bei Ikaros und Prometheus das Element der Hybris, »*das heißt, mehr sein zu wollen, als einem zusteht, was Zorn hervorruft.*« Aber worin genau soll denn die Vermessenheit des Narziss bestehen? Etwa, dass er sich weder auf die tumbe Echo noch die zwei zudringlichen Kerle einlassen wollte? Was genau wäre daran vermessen? Und wo genau zeigt Narziss so etwas wie »*Neid, Arroganz, Objektlosigkeit*«?

Die Strafe: Verwandlung in eine Blume

»*Ein anderes Element*«, so Dammann, »*begleitet den Mythos ebenfalls: Narkissos stirbt an seiner Selbstbezogenheit. (Nach einer Version des Mythos' wird er zur Strafe von den Göttern in eine Narzisse/Blume verwandelt, in einer anderen Variante ertrinkt er sogar beim selbstverliebten Betrachten von sich selbst im Wasser.) Der Narzissmus ist also eine Krankheit, die potenziell zum Tode führen kann.*« Diese flotte Deutung – das angebliche Sterben des Narziss »*an seiner Selbstbezogenheit*« – entspricht dem üblichen Klischee. Dammann verfehlt hier jedoch den Kern des Problems: Narziss wird von *einer einzigen* Göttin, von Nemesis, verhext – also keine »*Strafe von* den Göttern«. In der Folge davon stirbt er. Die *Verwandlung in eine Blume* erfolgt dabei jedoch erst post mortem.

Auf der Suche nach einem verlorenen Objekt

Seine Sicht auf den Mythos basiere, so Dammann, auf Wieseler (1856) und Renger (1999). Aber das, was er von dem Material aufgreift, ist so dürftig, als hätte er diese reichhaltigen Quellen nie wirklich studiert. Seine Deutungen sind mangelhaft. Narziss sei beispielsweise *»auf der Suche nach einem verlorenen Objekt«* – gemeint ist die Zwillingsschwester. Dabei ist Narziss nicht *»auf der Suche«*. Vielmehr weckt sein zufällig erblicktes Spiegelbild die tiefe Trauer über den Verlust der geliebten Schwester. *»Andere, die ihn begehren, wie die Nymphe Echo, weist er zurück. Er ist somit eigentlich auf der Suche nach dem Anderen, fällt aber immer wieder auf sich zurück.«* Dabei ist es Echo, die sich in Narziss verguckt hat und die *»auf der Suche nach dem Anderen«* ist – nicht umgekehrt.

Unseriöse Wissenschaft

In seiner Literaturliste wie auch im Text führt Dammann ausdrücklich den Aufsatz von Ellis an, der den Anstoß zur Einführung des Begriffs *Narzissmus* gegeben hatte: *»Einige Meilensteine zur Geschichte des Konzepts: Ellis (1898) rekurriert in einer Fallgeschichte eines exzessiv masturbierenden Mannes auf den Mythos von Narziss«*. Als Ellis 1898 sein Konzept von einer *»narzissartigen Tendenz«* erläutert, bezieht er sich nur auf eine einzige *»Fallgeschichte«* (vgl. S. 49 f): Eine *»28-jährige Dame«*, die Gefallen an sich findet, wenn sie sich selbst betrachtet – mit *»absorbierten«* sexuellen Gefühlen. Ellis geht damals davon aus, dass es dabei gerade *nicht* zur *Masturbation* gekommen sei. Aus diesen *Fakten* zaubert Dammann nun den Fall *»eines exzessiv masturbierenden Mannes«*. Was ist hier los? Liegt solch grobem Unsinn ein gänzlich mangelhaftes Textverständnis zugrunde? Oder treibt hier jemand ein Späßchen mit seinem Publikum, indem er ihm ungeniert falsche *Informationen* unterjubelt? Wie auch immer: Das Ergebnis ist und bleibt *unseriöse* »Wissenschaft«.

HANS-JOACHIM MAAZ (2012): *DIE NARZISSTISCHE GESELLSCHAFT*

Mütter als Ursprung aller Probleme

Bereits in einem Buch über den (angeblichen) Lilith-Komplex (2003) erklärt der Facharzt für Neurologie und Psychoanalytiker Hans-Joachim Maaz (* 1943) seinem Publikum, dass der Ursprung aller Menschheitsprobleme in lieblosen Müttern begründet sei. Fraglos können schlechte Mutter-Kind-Beziehungen gravierende Folgen für die Heranwachsenden haben. Bei Maaz verlieren jedoch andere Faktoren – zum Beispiel väterliche Gewalt oder sonstige Formen von Unterdrückung durch das soziale Umfeld – komplett an Bedeutung. Insofern verwundert es nicht, wenn Maaz in seinem *Narzissmus*-Buch vor allem die Mutter-Beziehung des Narziss problematisiert. Er unterstellt, dass die Mutter des Narziss sich ihrer mütterlichen Aufgaben sehr unsicher gewesen sei. Belegt sieht er das in der Antwort des Sehers Teiresias auf Liriopes Frage, ob es ihrem Sohn denn vergönnt sei, die Reife des Alters zu erleben: *»Ja, wenn er sich fremd bleibt!«* Der Seher habe hier *»eine schwere Beziehungsstörung zwischen Mutter und Kind«* diagnostiziert. Narziss sei – so die Konstruktion von Maaz – seiner Mutter fremd und müsse, um zu leben, sich selbst fremd bleiben. Diese Behauptung wird in keiner Weise irgendwie plausibel gemacht.

Verräterische Namensgebung

Aus der Sicht von Maaz lag von Anfang an Boshaftigkeit der Mutter vor: *»Leiriope gab ihrem Sohn den Namen Narziss; das ist wortverwandt mit ›Narkose‹. Aus der Wahl des Namens lassen sich die von Leiriope für ihren Sohn gewünschten* [!] *Eigenschaften entnehmen: narkotisiert, unbeweglich, gelähmt, gefühllos. Die Unterdrückung des Fühlens, des Schmerzes wird damit Programm.«* Bevor ein Therapeut irgendeiner Mutter unterstellt, sie habe ihrem Kind die Unterdrückung von Gefühlen und willenlose Anpassung abverlangt, sollten sich dafür konkrete Anhaltspunkte ergeben. Diese gibt es in der Geschichte von Narziss nicht. Die Behauptung von Maaz ist also eine fahrlässige Unterstellung.

Unerklärliche Abweisung

Über den Jüngling heißt es bei Maaz dann: *»Ein junger Mann, der hochmütig alle Liebesangebote ablehnt, ist zur tragischen Selbstliebe verdammt. Wir erfahren nicht, warum er sich so abweisend verhält.«*

Dabei zitiert Maaz ausführlich den stumpfsinnigen Monolog des Narziss mit Echo. Wundert er sich da wirklich, dass Narziss auf diese hohle Nymphe so reagiert, wie Ovid es beschreibt? Und Maaz selbst verschweigt uns, was in zwei seiner Quellen nachzulesen ist: Auch etliche Kerle bewerben sich um ein sexuelles Verhältnis mit Narziss. Hätte Maaz dies erwähnt, dann bräuchte wohl niemand über die Abweisung solcher »*Liebesangebote*« lange zu grübeln. Aber Maaz stellt sich wohl einfach dumm und gibt vor, von dem homosexuellen Begehren gegenüber Narziss nichts zu wissen. So fällt es ihm leichter, in sein staunendes »Warum?« auszubrechen.

Verfälschung des Mythos

Maaz verfälscht sogar den Mythos in grober Manier: »*Auf diese Weise entzog sich Narziss auch anderen Nymphen, bis eine verschmähte Verliebte schließlich ihre Hände gen Himmel erhob und flehte: ›So soll er denn sich selbst lieben, auf dass er niemals in der Liebe glücklich sei!‹*« Fast wörtlich steht dies so in einer der Quellen, die Maaz verwendet (Trenscényi-Waldapfel). Aber aus mindestens zwei weiteren Quellen, auf die Maaz zurückgreift (Schindler, Modena), gehen eindeutig Name und Geschlecht desjenigen hervor, der – unterstrichen mit einem Suizid – seine Hände flehend gen Himmel richtet. Ein feminisierter Ameinias passt für Maaz jedoch offenbar besser zum Konzept eines beziehungsgestörten Narziss.

Anfälligkeit für einen Fake-Mythos

Die Verfälschung des Mythos geht noch weiter. Als erster der hier zitierten AutorInnen pflanzt Maaz eine krasse Neuschöpfung des Mythos in die »Fachliteratur« ein: »*Bei Pausanias fällt durch göttliche Fügung ein Blatt ins Wasser und verzerrt das eigene Spiegelbild.*« Diese Darstellung fließt dann ein in die Ausgestaltung von Maazens *Narzissmus*-Konzept: »*Empfindlichkeit und Kränkung schon bei minimaler Irritation des Spiegelbildes*«. Diese angeblich von Pausanias stammende Version, so habe ich nachgewiesen, wurde im Jahr 2005 in der deutschen Wikipedia – Stichwort: Narziss – erfunden. Maaz hat hier kritiklos abgeschrieben, ohne die Quelle seiner Erkenntnis zu zitieren. (Zu den näheren Umständen vgl. S. 116 ff). Bezeichnend, dass Maaz zwar den Fake-Pausanias zitiert, aber den *zentralen* Beitrag des *echten* Pausanias verschweigt, der sich in seinen Quellen durchaus finden lässt – die Version mit dem Tod der Zwillingsschwester.

SYLVIA ZWETTLER-OTTE (2012): *NARZISSMUS IM SPIEGEL ANTIKER MYTHOLOGIE*

Problematische Mutterbindung

Am Beginn des Beitrags der österreichischen Psychoanalytikerin und Lehranalytikerin Sylvia Zwettler-Otte (* 1950) stehen – wie bei Maaz – Unterstellungen gegenüber Liriope: Sie zeige einen »*verborgenen, unbewussten Todeswunsch*«, der hinter ihrer scheinbar liebevollen Sorge verborgen sei. Sie sei eine »*verdächtig überfürsorgliche Mutter*«. Die Kindheit des Narziss sei »*überschattet*« gewesen von der »*unbewussten Feindseligkeit seiner Mutter.*« Zwettler-Otte sieht das – wie Maaz – bereits in seinem Namen belegt, der an »*Narkose*« erinnere. Für das leidenschaftliche Sich-Spiegeln des Jünglings im Wasser hat die Autorin eine Deutung aus dem psychoanalytischen Lehrbuch parat: Da die Quelle, in der sich Narziss spiegele, so heiße wie seine Mutter, zeige sich hier der Wunsch, in den Mutterleib zurückzukehren – quasi ein Beleg für den Ödipuskomplex des Narziss.

»*Es verwundert nicht*«, so Zwettler-Otte, »*dass er* [Narziss] *im Kontakt mit Gleichaltrigen keinerlei realistische Selbsteinschätzung, sondern eine arrogante Haltung an den Tag legte.*« Er sei nur unzureichend in der Lage gewesen, der »*Identifizierung mit dem Primärobjekt* [= Mutter; K. S.]« zu entgehen, sei der »*Gefahr der Wiederverschmelzung mit der Mutter*« erlegen – was immer das heißen möge. Dabei geht aus dem Wenigen, das wir von Narziss wissen, hervor, dass er – als junger Jäger – kaum ständig an Mutters Rockzipfel gehangen hat. Und dass er – als 16-Jähriger – keine

Lust auf ein sexuelles Abenteuer mit einer hohlen Nymphe und zudringlichen Kerlen hatte, das klingt ebenfalls *nicht* nach fehlender *»realistischer Selbsteinschätzung«*, sondern vielmehr nach souveräner Selbstbehauptung.

Verwirrung, Hilflosigkeit und Panik

Geradezu lustig gerät Zwettler-Ottes Deutung der Begegnung mit Echo: »*Sein* [des Narziss] *unstillbares Verlangen nach körperlicher Umarmung und seelischer Nähe wird nie erfüllt werden können, weil es ihm gleichzeitig unmöglich ist, Nähe auszuhalten. Ovid macht uns zu Zeugen der ängstlichen Verwirrung, der Hilflosigkeit und schließlich der Panik, die Narcissus in der Begegnung mit der Nymphe Echo erlebt.*« Für ein »*unstillbares Verlangen nach körperlicher Umarmung*« gibt es bei Narziss klare Gegenbelege. Und dann hebt gerade Zwettler-Otte Echos sexuelles Ansinnen bei ihrem plumpen Annäherungsversuch ausdrücklich hervor: Narziss hatte ein »*coeamus*« – »*Lasst hier uns vereinen!*« – an die aus den Augen verlorenen Jagdgenossen gerichtet. Das Echo darauf stammt jedoch nicht von seinen Freunden, sondern von der liebestollen Nymphe, die sich ihm damit auch gleich an den Hals wirft. »*Dieser Höhepunkt des Dialogs beinhaltet die Vorstellung einer sexuellen Vereinigung, eines Koitus: ›coire‹ heißt sowohl ›zusammentreffen‹ als auch ›Beischlaf halten‹; Brautleute hießen ›coeuntes‹. Und Echo (…) antwortet (…): ›Coeamus!‹ – ›Uns vereinen!‹ Sie kommt aus dem Wald, um ihm um den Hals zu fallen.*« Das Weglaufen vor solch einem Ansinnen belegt für die Psychoanalytikerin nun also »*ängstliche Verwirrung, Hilflosigkeit und Panik*«. Für sie scheint wohl der wichtigste Teil des Lebens aus sexuellen Impulsen zu bestehen. Vermutlich ist für sie undenkbar, dass jemand auch einmal *nicht* auf entsprechende Angebote eingeht. Dass dies ein Ausdruck gesunder Abgrenzung sein könnte, entzieht sich offenbar ihrer Vorstellungskraft.

REINHARD HALLER (2013): *DIE NARZISSMUSFALLE*

Broken Home

Der österreichische Psychiater und Gerichtssachverständige Reinhard Haller (* 1951) beginnt seine Analyse bei den Eltern von Narziss, denen er – fast gleichlautend wie Maaz – eine problematische Beziehung andichtet. Obwohl er die »*Rückkehr zum Mythos*« anmahnt, gelangt er ohne jegliches Originalzitat zu seiner Sicht: »*Beziehungsprobleme der Eltern, gewalttätige und ungewollte Zeugung, Broken-Home-Situation, Ängstlichkeit und Überfürsorglichkeit einer alleinerziehenden Mutter, Gefährlichkeit von Selbsterkenntnis und Prognosen, fehlende emotionale Resonanz, autistische Abkapselung, beziehungsunfähige Persönlichkeiten, kränkende Zurückweisung, krankhafte ›Selbstliebe‹, extreme und ausschließliche Ausrichtung auf die eigene Person, Empfindlichkeit gegen Kränkungen jeglicher Art, Mangel an Einfühlungsvermögen in andere und Entwertung der Mitmenschen.*« Das entspricht nun in keiner Weise den selbstverständlichen, nachvollziehbaren Handlungen des Narziss – wie sie der Original-Mythos beschreibt und das entsprechende Kapitel hier ausgiebig darstellt.

Emotionaler Analphabet

Noch einmal Haller: »*Der schöne Jüngling wird von allen bewundert und begehrt. Jeder sucht seine Gunst und seine Freundschaft, alle wollen seine Liebe, Mädchen und Jungen gleichermaßen. (…) Aber er kann diese Gefühle weder erfassen, noch erwidern, es fehlt ihm die emotionale Resonanz. Narziss leidet unter Gefühlsmangel, unter emotionalen Defiziten, er ist mit einem Wort liebesunfähig. Heute würde man ihn wohl als emotionalen Analphabeten bezeichnen.*« Hat denn Haller noch nie von Stalking und den teils dramatischen Folgen für die Opfer gehört? Darf es nicht gerade ein 16-Jähriger als überaus anstrengend erleben, wenn er »*von allen bewundert und begehrt*« wird? Muss Narziss denn alle Gefühle, die ihm irgendjemand entgegenbringt, auch »*erwidern*«? Ist es berechtigt, ihm deswegen »*Gefühlsmangel*« zu bescheinigen? Würde Haller all jene Prominenten, die sich von zudringlichen Fans abzugrenzen verstehen, als »*emotionale Analphabeten*« bezeichnen?

Ein Echo als Liebesgeständnis

Haller macht aus dem ziemlich stupiden Monolog des Narziss mit Echo ein »*Liebesgeständnis*«, das Narziss »*schroff*« zurückgewiesen habe. Diese neue Mythos-Lesart wird beispielsweise von Merzeder und Bonelli freudig aufgegriffen und entwickelt so nach und nach eine eigenständige Existenz. Aber kann denn das Echo auf den Monolog des Narziss ernsthaft als »*Liebesgeständnis*« der Nymphe durchgehen? Was mag Haller dazu bewogen haben, das hohle Geplapper so zu verstehen? Ist das genervte Abwenden des Narziss nicht völlig berechtigt, konsequent und souverän?

Bedürfnis nach Bestätigung

»*Die Geschichte teilt uns ferner mit, wie sich Narzissten mit Jasagern umgeben, mit Personen, welche zufrieden sind mit dem Abglanz ihres Idols, sich diesem völlig unterwerfen und sonst weder eigene Bedürfnisse noch eigene Meinungen haben. Dafür steht die alles nur nachsprechende Echo. Sie symbolisiert jenen Personentyp, welchen der Narzisst am liebsten um sich weiß: Menschen, die nur ständig seine eigenen klugen Worte und einzigartigen Sprüche wiederholen und ihn kritiklos bewundern.*« Selbst dort, wo ein winziger Abgleich mit dem Mythos erkennen ließe, wie absurd diese Ausführungen sind, tut Haller so, als merkte er nichts. Warum bloß nimmt Narziss vor Echo, dem Musterbeispiel eines Menschen, den *der Narzisst* angeblich *am liebsten um sich weiß*, der »*seine (...) eigenen Worte und Sprüche (...) wiederholt*«, so schnell und so eindeutig Reißaus?

Anfälligkeit für Fake-Mythen

Auch Haller hat sich als anfällig für Fake-Mythen erwiesen. In »*Nie mehr süchtig sein*« (2017) übernimmt er den Pausanias-Fake-Mythos, der in Wikipedia 2005 erfunden wurde (vgl. S. 116 ff). Mit seiner schlechten Meinung von Narziss war Haller wohl nur allzu gerne bereit, diese komplett unsinnige und lächerliche Erzählung über Narziss für bare Münze zu nehmen.

ANDREAS MARNEROS (2013): *IRRSAL! WIRRSAL! WAHNSINN!*

Der Beitrag des Narziss zum Tod von Echo und Ameinias

Der griechische Psychiatrie-Professor Andreas Marneros (* 1946) lässt den Geist des Narziss Reflexionen anstellen und dabei gestehen, dass er mit seinem Verhalten *»sowohl zum Tod von Echo als auch zum Tod von Ameinias beigetragen«* hat. Dieser *»Mitverantwortung«* könne er sich nicht entziehen. Im Widerspruch dazu durfte Narziss kurz zuvor noch berichten, dass er *»von zum Teil wildfremden Personen gestalkt«* worden sei. Ameinias habe ihn *»geradezu zwanghaft verfolgt«*. Trotzdem lässt Marneros diesen Narziss folgendes Urteil über sich sprechen: *»Man nennt mein Vergehen von damals bei euch heute – glaube ich – ›unterlassene Hilfeleistung‹. Das ist ein guter Begriff für meine unterlassene Mitverantwortung. Sowohl Echo als auch Ameinias befanden sich in einer Notsituation. Dass ich mich einfach der Beziehung zu ihnen entzogen habe, sprich: gar nichts getan habe, das war zu wenig. (…) Ich hätte ihnen wenigstens versuchsweise helfen können, einen Ausweg aus ihrer Not zu finden, und zwar sogar ohne mich ihren intimen Beziehungswünschen mir gegenüber zu beugen. Erst wenn sie sich dann meiner Hilfe zwecks Neuorientierung in ihrem Leben verweigert hätten, wären sie für sich selbst verantwortlich. Ich jedoch habe gar nichts in dieser Richtung unternommen. Und das war mein Fehler.«*

Die Verantwortung von Stalking-Opfern

Bemerkenswert, wie hier ein Psychiatrie-Professor allen Ernstes einem Stalking-Opfer empfiehlt zu überlegen, wie es diejenigen, die ihm nachstellen, dabei unterstützen kann, *»einen Ausweg aus ihrer Not zu finden«*. Er hätte ihnen *»Hilfe zwecks Neuorientierung in ihrem Leben«* bieten sollen. Woran nur macht Marneros fest, dass Narziss sich *»einfach der Beziehung zu ihnen* [Echo und Ameinias] *entzogen«* habe? Hatte Narziss denn je eine *»Beziehung«* zu Echo, die wie aus dem Nichts auftaucht und ihm einen *coitus* aufdrängen möchte? Stiftet diese flüchtige Begegnung im Wald etwa bereits eine *»Beziehung«*, für die er irgendeine Art von Verantwortung hätte? Und ist das Verhältnis von Narziss zu Ameinias, der beharrlich um den schönen Jüngling wirbt, etwa eine *»Beziehung«*? Wie kann man auf den Gedanken kommen, Narziss habe sich einfach der Beziehung zu Ameinias entzogen, habe nichts getan, um Ameinias zu retten? Weiß Marneros denn, mit welchen und wie vielen Worten Narziss bereits den beharrlich werbenden Verehrer dazu bewegen wollte, von ihm abzulassen und *»einen Ausweg aus seiner Not zu finden«*?

Die Verantwortung von Mordopfern

Vorsichtshalber erwähnt Marneros die Episode mit Ellops erst gar nicht, obwohl er um sie gewusst haben sollte, denn neben Wieseler findet sich auch mein Artikel von 2008 in seiner Literaturliste. Was hätte Narziss wohl aus Marneros' Sicht tun sollen, um der Ermordung durch Ellops zu entgehen? Hätte er auch ihm *»wenigstens versuchsweise«* helfen sollen, *»einen Ausweg aus seiner Not zu finden«*? Wie genau hätte das ausgesehen, dem Ellops *»Hilfe zwecks Neuorientierung in seinem Leben«* zu gewähren? Hätte Narziss ihm – den Dolch womöglich schon am Hals – noch irgendwelche Lebensweisheiten mit auf den Weg geben sollen, um dann am Ende trotzdem auszubluten?

Unterlassene Hilfeleistung

Marneros wirft Narziss vor, er habe eine irgendwie geartete Hilfeleistung unterlassen. Bei Ellops ist es besonders drastisch, aber auch bei Ameinias und Echo ist es ausreichend deutlich: Es ist grotesk, Narziss, das Opfer der Nachstellungen, zum Täter zu erklären – und damit die Täter zu Opfern.

EUGEN DREWERMANN (2013): *LIEBE, LEID UND TOD*

Gezeugt per Vergewaltigung

Der deutsche Theologe, ehemalige katholische Priester und Psychoanalytiker Eugen Drewermann (* 1940) beschränkt sich in seiner Sicht auf den Mythos ganz auf die Fassung von Ovid. Er sieht in der unterstellten Vergewaltigung der Mutter von Narziss den zentralen Ansatz, um die Dynamik der Geschichte aufzuklären. Wortreich malt er uns die Szenerie in den schwärzesten Farben aus. Liriope habe in ständiger Angst vor Annäherung gelebt. Ihre eigene Schönheit, die den Missetäter angelockt habe, müsse ihr wie ein Fluch vorgekommen sein. Auf Blicke von Männern müsse sie mit Argwohn reagiert haben: »*Man muss auf der Hut sein. Man darf sich nicht nochmals zur Beute blinder Begierde erniedrigen lassen!*«

Womöglich hat Drewermann es ähnlich in seiner Praxis von Betroffenen geschildert bekommen, die ihr Leben einer Vergewaltigung verdanken. Das ist zweifellos ein sehr spezielles Schicksal. Doch scheint mir *nicht* statthaft, solche Erzählungen auf diesen alten Mythos zu übertragen. Drewermann hält – auf dieser Grundlage – auch für unvorstellbar, dass Narziss gemeinsam mit Geschwistern aufgewachsen wäre. Das geht gehörig an der Geschichte vorbei. Dieser Gedanke wird schon durch Pausanias widerlegt.

Verweiblichter Narziss

»*Wäre er nicht überhaupt besser ein Mädchen? Und wenn schon ein Junge, dann bloß nicht ein Mann, wie jener es war und immer noch ist! (…) So wächst* Narkissos *heran als ein braver Bub, belohnt von der Freude der Mutter, die ihn in solcher Weise aufblühen sieht, unschuldig, rein, der Gewalt wie der Wollust gleichermaßen entrückt, im Umgang mit anderen vornehm, zaghaft, zurückhaltend, züchtig, ganz wie die Mutter es möchte.*« Nein, werter Herr Drewermann. Das ist absurd. Verweiblichung ist *nicht* das Problem des Narziss. Wie will er denn als »*ein braver Bub*« zur blutigen Jagd

EUGEN DREWERMANN (2013): *LIEBE, LEID UND TOD*

gehen, wie Pausanias und Ovid es beschreiben? Wie kann er denn zaghaft und züchtig sein, wenn er einen im Netz gefangenen Hirsch zu erschlagen, auszuweiden und in Portionen zu zerteilen hat?

Ödipale Konflikte des Narziss

Drewermann nähert sich dem Kernpunkt psychoanalytischer Weisheit an – dem berüchtigten *Ödipuskomplex*: »*Er möchte sein der Geliebte der Mutter, die froh ist, wenn er das Gegenteil dessen wird, was jener Kephisos verkörpert; von ihr geliebt zu werden ist der Grund, sich selber zu mögen.*« Nun wissen wir über die Beziehung des Narziss zu seinen Eltern kaum mehr, als dass er offenbar beide gesucht hat. In der ihm zugeschriebenen »*Liebe zu den heiligen Quellen*« dürfte sich wohl symbolisch seine Liebe zu beiden Eltern spiegeln, die bezeichnenderweise beide Wasserwesen sind. Aber Drewermann macht die fiktive Gestalt des Narziss mehr und mehr zu einem Prototyp des psychoanalytisch missverstandenen Ödipus, der (angeblich) die inzestuöse Nähe zu seiner Mutter sucht (»*möchte sein der Geliebte der Mutter*«) und gleichzeitig (angeblich) den Vater ablehnt.

Narziss weist dann auch – nach Drewermann – das Beziehungsbegehren junger Männer nicht etwa deshalb ab, weil er entweder nicht schwul ist oder einfach keine Lust auf Ameinias oder Ellops hat. Nein. Das Scheitern homosexueller Avancen liege daran, dass sie »*die innere Einheit von Sohn und Mutter, von* Narkissos *und* Liriope, *gefährden müssten; sie stellen das Wesen eines* Narkissos *in Frage; sie basieren auf einem Missverständnis.*«

Sehnsucht nach Echo

Drewermann macht sich Gedanken, wer denn für diesen Narziss die Richtige sein könnte. Seine Idee: Eigentlich passt Echo bestens zu ihm! »*Idealtypisch kann es kein genaueres weibliches Pendant zu ihm geben als das Bild einer Echo.*« Warum wohl hat Narziss das nicht kapiert? Immerhin realisiert Drewermann, dass Echos »*Echolalie*«, ihre »*nachhallende Zustimmung nachhaltig nicht sein*

kann«, dass »*die Qualität, die Verstehenstiefe des Dialogs denkbar oberflächlich bleibt«*. Sapperlot. Wer hätte das gedacht? Bei dem Gespräch, bei dem Echo ständig nur die letzten Worte des Narziss wiederholt, wie es bei schwersten psychischen Störungen oder geistiger Behinderung als »*Echolalie*« auftritt, bleibt die »*Verstehenstiefe des Dialogs denkbar oberflächlich«*. Welch eine Einsicht! Aber kommt Drewermann nicht in den Sinn, dass ein solcher Monolog mit Echo geradezu in den Wahnsinn treiben muss? Offenbar nicht. Denn unverdrossen folgt seine Empfehlung zur Eheschließung: »*Was eine Echo (…) zur prädestinierten Ehegemahlin eines Narkissos erhebt, ist ihre scheinbar völlige Selbstlosigkeit.*« Drewermanns Konstruktion beruht auf der Unterstellung, dass Narziss bei Echo nicht mehr die – von seiner Mutter vermittelte – Sorge haben müsste, zudringlich zu sein: Echo würde ja bei allem, was er von ihr verlangt, willenlos mitmachen. Aber wie bewertet denn Drewermann, dass Echo auf den ausdrücklichen Wunsch des Narziss, ihm vom Leib zu bleiben, so beleidigt reagiert? Wo ist denn da ihre »*völlige Selbstlosigkeit*«?
Narziss, der unverzagt Hirsche jagt, hat es nicht nötig, sich vor »*männlichen Strebungen drinnen wie draußen zu schützen*«. Für ihn ist sonnenklar, dass er mit Echo nie eine Beziehung haben wollte. Lieber würde er sterben, als an ihrer Seite kommunikativ zu verhungern und emotional dahinzusiechen. Drewermann insistiert jedoch in selbstgewissem Ton: »*Nichts also könnte anziehender (…)*[4] *wirken auf einen Narkissos als eine Echo«. Dabei* geht Echo dem Narziss mit ihrem hohlen Geschwätz nur auf die Nerven. Für ihn ist es daher völlig logisch, ihr eine klare Absage zu erteilen.

Drewermann und die Schuld des Narziss

Für Drewermann geht es bei der unmissverständlichen Abgrenzung des Narziss gegenüber Echo nicht etwa um eine völlig

4 An der hier ausgelassenen Stelle heißt es: »*und damit zugleich bedrohlicher*«

berechtigte Selbstbehauptung, sondern um *Schuld*: »*Er* [Narziss] *wird nicht einmal bemerken, was aus Echo wird, und noch weniger wird er begreifen, welch eine Schuld er selbst daran trägt.*« Narziss sei verantwortlich dafür, dass die Bergnymphe vor sich hinsiecht, weil sie seine klare Beziehungsabsage nicht vertragen hat. Wer belastende Erfahrungen mit aufdringlichen Beziehungsangeboten gemacht hat, sollte um Drewermanns therapeutische Praxis einen großen Bogen machen. Dort besteht nämlich die Gefahr, falsche Schuldgefühle zugeschoben zu bekommen, was die Leiden verschlimmern dürfte.

CHRISTINE MERZEDER (2015): *WIE SCHLEICHENDES GIFT*

Untreuer, pornografiesüchtiger Narzisst

Christine Merzeder (* 1954) aus der Schweiz arbeitet als Dozentin für Gerontologie und Gesundheitswissenschaft. Es bleibt unklar, wie sie an die diversen Zitate von Menschen gelangt ist, die den Erfahrungshorizont ihres Buches aufspannen. Sie will Menschen helfen, die sich von anderen bedrängen und ausnützen lassen, sieht sich dabei selbst als Opfer einer Ehe »*mit einem extremen Narzissten*«. Ihren Ex-Gatten beschreibt sie als untreu und pornografiesüchtig. Es bleibt ein Rätsel, warum sie den Namen des Narziss missbraucht, um ihren Ehemann damit zu betiteln. Narziss ist gerade *kein* notorischer Fremdgänger. Er nimmt *nicht* jede sich ergebende Affäre mit. Konon nennt ihn einen »*Verächter des Liebesgottes*«. Antiken Autoren gilt er als Beispiel »*lobenswerter Enthaltsamkeit*«. Narziss hat also *nichts* mit dem (angeblichen) Verhalten von Merzeders Ex-Gatten gemein.

Flucht vor *emotionaler Nähe*

Auch Merzeder spricht – wie Haller – von einem *Liebesgeständnis* der Echo gegenüber Narziss. Ebenso behauptet sie, Narziss könne niemandem Liebe schenken. Das wird dem eigentlichen Gehalt der Erzählung in keiner Weise gerecht. Ebensowenig der folgende Satz: »*Die Bergnymphe verliebt sich in eine Person, die vor emotio-*

naler Nähe flieht und weder sich selbst noch andere lieben kann – der Inbegriff eines Narzissten.« Narziss flieht nicht vor *»emotionaler Nähe«*, sondern vor dem hohlen Geplapper einer oberflächlichen Nymphe. Das ist doch sein gutes Recht, oder?
Und im Fall von Ameinias: Merzeder gibt korrekt wieder, dass *»einer der Verschmähten sich aus Kummer über die Abweisung selbst* [tötet], *nicht jedoch ohne zuvor die Götter zu bitten, seinen Tod zu rächen.«* Dass Narziss dann stirbt, weil eine Göttin diese boshafte Bitte tatsächlich erhört, wird von Merzeder nun nicht problematisiert. Dabei vertritt sie doch in ihrem Buch den Anspruch, Menschen bei der Gegenwehr gegen Zudringlichkeiten und Grenzverletzungen unterstützen zu wollen. Warum denn nicht auch den so offensichtlich bedrängten Narziss?

Verwirrung stiften
Merzeder unterscheidet zunächst zwischen *»positivem«*, *»negativem«*, *»malignem«* (= bösartigem) und *»pathologischem« Narzissmus.* Diese Unterscheidung hebelt sie selbst aber teilweise wieder aus, indem sie schreibt: *»Negative Narzissten – oder schlicht ›Narzissten‹ – sind (…)«*. Ihre Einschätzung: *»narzisstische Züge wird jeder an sich entdecken.«* Folglich auch negativ narzisstische Züge. Das heißt dann wohl auch: »Wir sind alle gleich! Und an unserem Schicksal sind wir selbst schuld!«
Mit dem Zusatz *»bösartig«* oder *»maligne«* wird der selbstbewusste 16-Jährige nach und nach zum Urbild eines Monsters erklärt: *»Der maligne Narzissmus ist der Narzissmus der Diktatoren, Sadisten, Serienmörder und Amokläufer, aber auch der Mobber, Verleumder, zynischen Chefs und brutalen Erzieher.«* Merzeder stellt hier leichtfertig und kritiklos die Hauptfigur einer übersichtlichen, kompakten Geschichte gleichsam mit dem Abschaum der Menschheit auf eine Stufe. Es ist somit zu befürchten, dass sie den Lebensgeschichten von realen Menschen kaum mehr Verständnis entgegenbringt als dem fiktiven Narziss.

RAPHAEL BONELLI (2016): *MÄNNLICHER NARZISSMUS*

Broken Home

Raphael Bonelli (* 1968), ein österreichischer Facharzt für Psychiatrie, psychotherapeutische Medizin und Neurologie, setzt mit seiner Analyse des Narziss direkt bei dessen Elternhaus an und schließt – womöglich in Anlehnung an Maaz und/oder Haller – auf »*eine recht problematische Broken-Home-Situation*«. Der Vater habe die Mutter vergewaltigt und sei »*anschließend befriedigt weiter*[gezogen]«. Darüber hinaus spricht er – ohne jeden Beleg – von den »*Ängste*[n] *der alleinerziehenden Mutter*«.

Verweigerung von Liebe

Auch Bonelli verkürzt die Geschichte des Narziss aufs Äußerste: »*Schon im griechischen Mythos ist der begehrte Jüngling Narziss daran zugrunde gegangen, dass er als Mann die weibliche Liebe nicht erwidern konnte, sondern sich selbst – beziehungsweise sein Spiegelbild – zum Objekt seiner Liebe erwählt hatte.*« Ausdrücklich reduziert Bonelli hier den Mythos auf die – unbegrenzt verallgemeinerte – »*weibliche Liebe*«, die Narziss (angeblich) verschmäht habe. Er unterschlägt, dass in Ovids Fassung auch junge Männer den schönen Knaben sinnlich begehrt hatten. Ähnlich wie Haller, und womöglich an ihn angelehnt, schreibt Bonelli: »*Die Mädchen schwärmen für ihn, die Burschen suchen seine Freundschaft*« – wobei »*die Burschen*« hier nicht an Fußball oder Skat dachten. Und schließlich: »*Freud entdeckte, dass der Narzissmus seine Liebesfähigkeit dem Gegenüber vorenthält und an sich selbst vergeudet, so wie Narcissus sich der Liebe der armen Echo verweigert und sich in das eigene Spiegelbild verliebt.*« Hatte Narziss denn eine Wahl, sich zwischen Echo und seinem Spiegelbild zu entscheiden? Dass Nemesis den armen Jüngling mit dieser tragischen Selbstliebe bestraft hat, und zwar bloß, weil er keine Lust auf Echo und Ameinias hatte, das reflektiert Bonelli nicht. Sein ganzes Mitleid gilt der »*armen*« Nymphe.

Bonelli schreibt: »›*Er aber zeigte sich unberührbar und hartherzig, ließ niemand an sich heran und widerstand jeder Annäherung.‹ Dann näherte sich die süße Nymphe Echo. ›Als sie Narcissus ihre Liebe gestand, wies er sie mit den Worten ‚Eher will ich sterben als dir gehören' schroff zurück.‹ Die Arme verging vor Liebeskummer, wurde menschenscheu, vereinsamte und entwickelte noch dazu eine Essstörung. (…) Narcissus wird daraufhin verflucht (…).«* Hier zitiert Bonelli, ohne Quellenangabe, die Mythen-Version von Haller. Der wiederum orientiert sich anscheinend an Maaz, der seinerseits eine massiv verfälschte Version präsentiert. Wird nun weiterhin blind voneinander abgeschrieben und – nach dem Stille-Post-Prinzip – jeweils noch ein wenig weggelassen oder hinzufügt, dann setzt sich irgendwann ein völlig neuer Mythos durch: »Narziss war ein garstiger Kerl, der eine total süße Nymphe schroff zurückwies, obwohl sie ihm nur ihre Liebe gestanden hatte. So ein Rüpel! Der armen Kleinen ging es danach total mies, so dass sie sogar eine krasse Essstörung entwickelte, an der sie schließlich starb. Und Narziss hat es noch nicht mal leidgetan!«

Bonelli in der Praxis

Bonelli will uns über den männlichen *Narzissmus* aufklären und schildert 23 Fälle. Bei 19 handle es sich um *Narzissten*. Von diesen wiederum hat der Autor 10 nicht einmal selbst gesehen, sondern bloß von ihnen gehört – aus den Schilderungen von deren Ehefrauen oder Müttern. Das hält ihn aber nicht davon ab, Analysen über diese Männer zu erstellen. Eine selbstkritische Reflexion der einseitigen Datenbasis fehlt. 13 von diesen 19 *Narzissten* zeichnen sich durch eine lockere Beziehungsmoral aus. Sie hatten entweder ständig wechselnde Beziehungen oder aber sie haben durch eine oder mehrere markante Affären eine bestehende Beziehung zerstört. Herr H., 35, dient als illustrierendes Beispiel: Anscheinend vögelt er, salopp gesagt, wahllos alles, was ihm vors Rohr kommt. Bonellis Kommentar: *»Herr H. ist einfach Narzisst.«* Das leuchtet ja auch sofort ein, oder? Der Mythos berichtet schließlich ausgiebig von dem sexsüchtigen Narziss, der sich von einer Affäre in die nächste stürzt! – Ironie off! Tatsächlich ist ein *sexsüchtiger Narziss(t)* ein unauflösbarer Widerspruch. Es hat jedoch den Anschein, als hielte Bonelli Untreue in Beziehungen geradezu für ein zentrales Kriterium des »*männlichen Narzissmus*«. Gleichzeitig wirft er dem mythologischen Narziss aber auch vor, dass er sich »*der Liebe der armen Echo verweigert*«. Egal was Narziss macht – er macht's verkehrt. Lässt er sich auf die Verführung der Echo *nicht* ein, dann heißt es: »Typisch Narzisst! Er verweigert sich Echos Liebe!« Ließe er sich auf Verführungen – zum Beispiel durch Echo – ein, so hieße es: »Typisch Narzisst! Ständig auf der Suche nach der nächsten Affäre!« Das ist eine Zwickmühle, aus der auch Bonellis KlientInnen womöglich nicht rauskommen.

Anfälligkeit für Fake-Mythen

Mit seinem schlechten Bild von Narziss ist auch Bonelli anfällig für Fake-Mythen: »*In anderen Versionen wiederum verzerrt ein herabfallendes Blatt das Spiegelbild, worauf Narcissus durch die vermeintliche Erkenntnis, hässlich zu sein, stirbt.*« Auch Bonelli wirkt daran mit, die selbstbewusste Gestalt aus dem griechischen Mythos zur Witzfigur herabzuwürdigen.

CRAIG MALKIN (2017): *DER NARZISSTEN-TEST*

Legendärer kalter Stolz

Für den amerikanischen Psychologen und Psychotherapeuten Craig Malkin (* 1968) besteht *Narzissmus* in dem »*Drang, sich als etwas Besonderes vorzukommen.*« Die gute Wirkung davon: Es treten weniger Depressionen und Ängste auf. Immerhin. Aber auch Malkin interessiert sich nicht wirklich für den Gehalt des antiken Mythos und beweist hier ein gehöriges Maß an Verständnislosigkeit. Er reimt sich zunächst mal eine eigene Version des Mythos zurecht. Narziss sei »*von allen Seiten*« bewundert worden, von Jung und Alt, Frauen und Männern. »*Schon bald wurde sein kalter Stolz so legendär wie seine Schönheit. Jeder Verehrer wurde herzlos abgewiesen. Narziss schien zu glauben, er stehe über der Liebe und* *der Welt der Menschen – ja sogar der Götter.«* Antike Quellen für seine Deutung benötigt Malkin anscheinend nicht. Und auch er vermag sich offenbar nicht vorzustellen, dass es für jemanden höchst anstrengend sein kann, von Krethi und Plethi, Hinz und Kunz, Göttern und Göttinnen heiß und innig verehrt – sprich: sexuell begehrt – zu werden.

Neuerzählung des Mythos

Für viele der hier zitierten AutorInnen scheint es legitim zu sein, den Mythos einfach mal ein wenig zu verändern und neu zu erzählen. *»Hera hatte die sonst so redselige Echo dafür bestraft, dass jene ihre Nymphenschwestern gewarnt hatte, mit denen sich Heras Gatte Zeus vergnügte.«* Ovid (2018) schildert uns recht genau, worin Echos Verfehlung bestand: Hera [= Juno] hätte *»oft in den Bergen die unter ihrem Jupiter* [= ihrem Gatten Zeus] *liegenden Nymphen erwischen können: Schlau hielt jene* [Echo] *dann hin durch lange Gespräche die Göttin, bis die Nymphen entflohen.«* Echo hatte also nicht etwa bloß einen kurzen Warnruf ausgestoßen. Nein. Sie hatte sich regelrecht zur Komplizin des Zeus gemacht und mit rhetorischem Geschick dessen Gattin in langatmige Gespräche verwickelt. Kein Wunder, dass Hera stinksauer ist auf dieses Früchtchen.

Über die Episode mit Ameinias schreibt Malkin: *»Auch ein Mann namens Ameinios empfand die Zurückweisung durch Narziss so schmerzlich, dass er sich in ein Schwert stürzte, nicht aber ohne zuvor die Rachegöttin Nemesis anzurufen. Und so verhängte Nemesis einen Fluch über Narziss, der jener Grausamkeit entsprach, die Narziss anderen zugefügt hatte. Narziss sollte selbst den Schmerz erleiden, den unerwiderte Liebe gebiert.«* Immerhin zitiert Malkin relativ ausführlich diese Begebenheit. Aber auch hier wird eine vermeintliche Kleinigkeit unterschlagen: Es macht schon einen Unterschied, ob sich Ameinias *irgendwo* das Schwert in den Leib rammt, oder ob er das direkt vor der Haustür des Narziss inszeniert. So steht es im Original von Konon. Durch den von Ameinias

offenbar mit Bedacht gewählten Ort seines Freitods sollen dem Narziss ganz gezielt übelste Schuldgefühle vermittelt werden. Wer wollte je in eine solche Situation geraten?
Wenn Narziss nicht auf diesen Kerl steht, dann ist es doch eine *Selbstverständlichkeit*, dass er zu dem Flehen des Ameinias »Nein!« sagt. Was sollte irgendeiner Göttin das Recht geben, Narziss auf eine Weise zu verhexen, dass er nun mit seinem Beziehungswunsch zwingend scheitern *muss*? Er selbst wollte doch gar nicht, dass Ameinias *ohne* Beziehung bleibt. Wenn er sich erfolgreich an einen anderen Kerl rangeschmissen hätte, dann hätte Narziss doch gar nichts dagegen einzuwenden gehabt. Aber halt bitte nicht an ihn. Wenn Malkin behauptet, die Bestrafung durch Nemesis »[entsprach] *jener Grausamkeit, die Narziss anderen zugefügt hatte*«, dann frage ich mich: Was hat Malkin von dieser Beziehungsdynamik verstanden? Wie kann einem Fachmann so aus dem Blick geraten, was in einer Situation gerecht oder ungerecht ist? Wie will Malkin mit solch einer Blindheit die Dynamik von zwischenmenschlichen Prozessen zuverlässig erfassen?

Unverstandene Begriffsgeschichte

Malkin schreibt: »*Havelock Ellis* [sprach] *davon, dass Patienten, die sich buchstäblich in sich selbst verliebten, ihren Körper mit Küssen bedeckten und übermäßig masturbierten, an einer ›Narziss-artigen‹ Krankheit litten.*« Diese Passage könnte er von Dammann oder anderer schlechter Sekundärliteratur abgeschrieben haben. Um das Original von Ellis von 1898 hat er jedenfalls einen großen Bogen gemacht (vgl. S. 49 f).
Auch Näcke hakt Malkin recht förmlich und inhaltslos ab: »*Ein Jahr später schrieb der deutsche Arzt und Psychiater Paul Näcke über ähnliche sexuelle Perversionen und prägte den prägnanten Begriff ›Narzissmus‹.*« Welche Position Näcke – gerade auch in dem offensichtlichen Missverstehen mit Ellis – vertrat, wird der LeserInnenschaft vorenthalten. Warum auch immer.
»*Richtig berühmt aber*«, so Malkin weiter, »*machte den Terminus*

erst der Gründervater der Psychoanalyse, Sigmund Freud, in seiner bahnbrechenden Abhandlung ›Zur Einführung des Narzissmus‹ von 1914. Freud befreite den Begriff von seiner sexuellen Konnotation (eher ungewöhnlich für ihn) und beschrieb Narzissmus stattdessen als eine notwendige Entwicklungsphase der Kindheit.« Auch diesen Absatz scheint Malkin unbelastet von jeglicher Lektüre der Originalliteratur verfasst zu haben. Ansonsten hätte er feststellen müssen, wie wirr die Sicht des alten Freud geriet. Zudem ist mir schleierhaft, wie Malkin behaupten kann, Freud habe »*den Begriff von seiner sexuellen Konnotation*« befreit: Nach Freud (1909) ist *Narzissmus* die »*Verliebtheit in die eigene Person (= in die eigenen Genitalien)*«. Perverse und Homosexuelle zeigten in typischer Weise »*narzisstisches Verhalten*«. Dass Malkin Freuds unverständliches *Narzissmus*-Gemurmel zur »*bahnbrechenden Abhandlung*« stilisiert, kann er wohl nur behaupten, weil er keine Zeile davon gelesen hat. In Malkins Literaturliste sind Ellis, Näcke und Freud jedenfalls nicht aufgeführt.

JOCHEN PEICHL (2017): *WARUM ES AUCH GUT IST, NARZISST ZU SEIN*

Verwirrung, Suggestion und Plagiat

Jochen Peichl (* 1950), früherer Oberarzt, Lehranalytiker und Leiter des Instituts für hypno-analytische Teilearbeit in Nürnberg, versteht sich auf suggestive Formulierungen. Mit seinem professionellen Geschick versucht er offenbar, seine LeserInnen zu verwirren. Diese Verwirrungskunst möchte ich meinerseits ein wenig auflösen.

Von seinem grundsätzlichen Ansatz her (»*Teilearbeit*«) macht Peichl durchaus sinnvolle Dinge. Allerdings hat seine Ausbildung zum Psychoanalytiker anscheinend Spuren hinterlassen. Freuds seltsames *Narzissmus*-Konzept scheint er weitgehend verinnerlicht zu haben.

Peichl ist auch sehr großzügig darin, Gedanken von anderen abzuschreiben, ohne dies als Zitat deutlich zu machen. Einzelne seiner Plagiate, die mir aufgefallen sind, hebe ich hervor.

Abweisung aus Selbstverliebtheit

»›*Narzissus*‹ *(…)* [wurde] *von Nemesis (…) dazu auf ewig verdammt (…), sein eigenes Spiegelbild in einem Teich zu lieben. Dies geschah als Strafe dafür, die Liebe der Bergnymphe Echo verschmäht zu haben.*« Das mit dem »*auf ewig verdammt*« – was gar nicht so »*ewig*« war – und mit dem »*Teich*« – statt Quelle – klingt, als hätte Peichl es von Behary abgeschrieben (vgl. S. 81 f). In dieser Passage ist immerhin noch korrekt von der *Bestrafung* des Narziss die Rede. Im nächsten Satz formuliert Peichl seine verkürzte Version dann noch ein wenig weiter um: »*Weil Narziss sich nicht nach der verführerischen Nymphe Echo, sondern nur nach seinem Bild im Wasser sehnte, es aber nicht umarmen und besitzen konnte, starb er voller ungestilltem Verlangen nach seinem eigenen Spiegelbild.*« Nach Ovid ist die mangelnde Sehnsucht nach Echo und Ameinias der Grund für die Bestrafung des Narziss. Und diese Bestrafung führt dann zwingend zu diesem unstillbaren Verlangen nach seinem Spiegelbild, und dieses wiederum zu seinem Tod. Narziss stirbt, weil er für eine Selbstverständlichkeit bestraft wird: die Ablehnung einer Beziehung, die ihm nichts gibt. Das ist der Mythos. Aber Peichl suggeriert, dass Narziss die Echo vor lauter Selbstverliebtheit – wegen der Sehnsucht nach seinem Spiegelbild – nicht erhört hätte. Als hätte Narziss sich aus freien Stücken für diese Selbstverliebtheit entschieden.

Peichl blendet systematisch die Problematik der völlig unbegründeten, brutalen Bestrafung aus. Im ersten Schritt eliminiert er den Suizid des Ameinias als Grund für die Einmischung der Nemesis. Dabei macht gerade die Ameinias-Version überdeutlich, wie absurd diese Straf-Aktion ist. Und hieraus ergibt sich wiederum ein wichtiger Hinweis auf die ironische Absicht des Ovid. Im zweiten Schritt soll nun die Selbstverliebtheit des Narziss der Grund gewesen sein, dass der schöne Jüngling die Echo – und wohl auch den Ameinias – abgewiesen hat, und nicht umgekehrt. Peichl vertauscht hier Ursache und Folge.

Tragik einer Beziehung

Wörtlich zitiert Peichl meine Zusammenfassung der sieben Versionen vom Leiden des Narziss am Verlust geliebter Angehöriger beziehungsweise an der Aufdringlichkeit ungeliebter Anderer von 2008. An dieses Zitat knüpft er unmittelbar an: »*Die Tragik ist, dass Narziss und Echo sich nicht in Liebe vereinen und ein glückliches Paar werden können.*« Er pfropft meiner Zusammenfassung des Gesamtthemas des Mythos seine völlig gegenläufige Fortsetzung auf. Er selbst walzt in epischer Breite aus (s. u.), dass Echo eine unerträgliche Zumutung für Narziss ist – und behauptet gleichzeitig und sinnwidrig, dass das Nicht-Zustandekommen einer Paarbeziehung zwischen Narziss und Echo etwas Tragisches hätte. Völlig grotesk auch, dass Peichl aus der kurzen Begegnung zwischen Echo und Narziss eine »*Paargeschichte*« macht. Die Begegnung der beiden im Wald – wohl die einzige und letzte – dürfte so ungefähr 10 bis 15 Sekunden gedauert haben. Mehr nicht. Ist das schon eine »*Paargeschichte*«?

Monolog mit Echo: In meinem Beitrag von 2008 heißt es: »*Wer mag ihm* [Narziss] *allen Ernstes vorhalten, dass er eine Beziehung mit Echo ablehnt? Jeder Versuch eines Gesprächs mit ihr wird zum Monolog mit Echo.*« Peichl macht daraus – im Widerspruch zu seiner zuvor geäußerten Behauptung von der »*Tragik*«: »*Warum in aller Welt sollte sich Narziss in eine Frau verlieben, mit der jeder Versuch eines Gesprächs zum Monolog, zum Echo wird, ohne die Resonanz eines eigenständigen Gegenübers? Liebe Männer und Leser dieses Buches: Finden Sie so eine Frau begehrenswert, die nur nachplappert, was Sie gesagt haben?*« Dabei ist es nun weder ein reiner Monolog, noch ein bloßes Echo. Aber natürlich auch kein Dialog. Sondern halt ein »*Monolog mit Echo*«. Peichl blendet bei seiner Übernahme meines Gedankens den Kern meiner Analyse aus: Wenn es doch so unmöglich ist, mit Echo in Kontakt und Austausch zu kommen, dann ist es doch nur logisch – und frei von jeder Tragik –, dass die beiden »*sich nicht in Liebe vereinen und ein glückliches Paar werden können*«.

Substanzlosigkeit und Selbstbewusstsein: 2008 fahre ich fort mit: *»Es fehlt jede Resonanz eines eigenständigen Gegenübers.«* Peichl macht daraus, wie schon zitiert: *»(...) ohne die Resonanz eines eigenständigen Gegenübers«* – und setzt hinzu: *»Was beiden fehlt ist die Fähigkeit und Möglichkeit zur Resonanz auf den jeweils anderen – eine Fähigkeit, die gemeinsames Wachstum in Liebe erst ermöglicht. Beide sind Echo und nicht Resonanz: Er schaut in den Teich und erblickt sich selbst (visuelles Echo) und sie wird zu Stein und wirft das zurück, was an ihr abprallt (akustisches Echo).«* Dabei gibt es keinen größeren Kontrast als den zwischen einer substanzlosen Echo und einem selbstbewussten Narziss. Narziss ist jemand, der im Fall von Zwillingsschwester, Vater, Mutter und Gefährten einen eindeutigen Kontaktwunsch zeigt. Auf Echo, Ameinias und Ellops reagiert er hingegen nicht einfach nur echo- oder spiegelhaft. Vielmehr quittiert er die Beziehungswünsche von Menschen, die überhaupt nicht zu ihm passen, mit klarer Ablehnung. Er gibt *nicht* blind das zurück, was an ihn herangetragen wird. Er verfügt – im Gegensatz zu Echo – über die Fähigkeit, eine persönliche und charakteristische Resonanz zu geben. Bei Echo hingegen erfolgte auf jedes »Ich liebe dich!« wahllos ein »Liebe dich!« Und jedes Schweigen eines Verstorbenen würde sie mit Schweigen beantworten. *Das ist der Unterschied.*

Keine pädagogisch wertvolle Geschichte

»Schon als sie sich begegnen, haben diese beiden missbrauchten ›Kinder‹ [Echo und Narziss] *keine Chance – und das soll eine Parabel für wahre und beständige Liebe sein? Ich halte das nicht für eine pädagogisch wertvolle Geschichte, sondern für eine etwas seltsame Moral.«* Wer hat je behauptet, dass es sich hier um *»eine Parabel für wahre und beständige Liebe«* handelt? Warum greift Peichl nicht auf das zurück, was er in meinem Artikel unter der Zwischenüberschrift *»Und die Moral von der Geschicht'«* lesen konnte und zwei Seiten zuvor wörtlich zitiert hat? Dieser Mythos erzählt stimmig vom Leiden am Verlust geliebter Angehöriger und an der Auf-

dringlichkeit anderer, die bei Abweisung psychische und physische Gewalt ausüben. Warum missversteht er ein einfaches Gleichnis? Warum diffamiert er skrupellos antikes Kulturgut?

Noch mehr Verwirrung

Peichl legt recht widersprüchliche Aussagen vor zu dem, was *Narzissmus* nun *ist* oder *nicht ist*:

- »*Narzissmus ist eine Persönlichkeitsstörung*« – das sagen zumindest Peichls KollegInnen, und darauf will er nicht so genau eingehen oder gar widersprechen. Und er verweist auf die »*bösartigen Formen narzisstischer Persönlichkeiten – hierfür würden sich Stalin, Hitler, Pol Pot oder Kim Jong-il usw. sicher gut eignen (…).*«
- Dann: »*Narzissmus geht uns alle an und ist bei jedem von uns mehr oder weniger stark als Persönlichkeitsdimension ausgeprägt*« – auf einer Skala von 0 bis 10. Demnach handelt es sich bei *Narzissmus* »*nicht um einen krankhaften Ausdruck von ›Gestörtheit‹.*«
- Und gleichzeitig: »*Narzissmus ist das Gegenteil von gesunder Selbstliebe*«. Oder auch: »*Narzissmus ist die ungesunde Form der Selbstliebe (…).*« Also *doch* krankhaft.
- Dicht daneben findet sich: »*Dass es so etwas wie einen guten Narzissmus geben muss, legt schon das Bibelwort nahe: Liebe deinen Nächsten wie dich selbst.*«

Verwirrung ist ein Zustand, den Hypno-Therapeuten gerne bewusst herbeiführen. Als Hypnotherapeut hat Peichl auch gelernt, dass er die Irritationen, die er selbst auslöst, offensiv ansprechen sollte. So kokettiert er gleich zu Anfang: »›*Aber was will der Peichl denn dann?*‹, *höre ich Sie schon ungeduldig fragen und mit den Fingern trommeln.*« Ja, genau! Diese Frage stelle ich mir. Und: nein! Peichls Antwort auf diese Frage brauche ich nicht. Denn ich erwarte gar nicht mehr, dass er ernsthaft zu einer Klärung beitragen kann und will. Bereits auf seinen Eingangsseiten wird klar, dass er – bewusst oder unbewusst – darauf zusteuert, bei seinem Publikum heillose Verwirrung zu stiften. Wer sich nicht dagegen wehrt, gerät in eine Art Trance. In diesem Zustand ist man offen für Peichls Suggestionen. Es wäre interessant, sein Publikum nach der Lektüre der ersten Seiten zu fragen, was es denn nun unter *Narzissmus* versteht. Die Aussagen hierzu würden wohl sehr unterschiedlich ausfallen. Dennoch hätten vermutlich etliche LeserInnen den Eindruck, sehr genau zu wissen, was Peichl gemeint hat.

Anfälligkeit für Fake-Mythen

In Peichls Version des Mythos von 2015 heißt es: »*Der Sohn* [von Liriope = Narziss] *wächst als ungeliebtes Kind auf und ist selbst nicht in der Lage zu lieben, sondern er ist eitel, berauscht nur von seiner eigenen Schönheit. (…) Hierauf wird er durch die Göttin Aphrodite verflucht: Er möge sich selbst lieben und niemals glücklich sein – es ist sein Schicksal, sich unsterblich in sein Spiegelbild zu verlieben. Der Sage zufolge stirbt er, als er mal wieder am See sitzt, ins Wasser schaut und plötzlich ein Blatt ins Wasser fällt und sein Spiegelbild verzerrt. Schockiert von seiner Hässlichkeit, stirbt er.*« Peichl macht hier den in der deutschen Wikipedia gefakten Mythos (vgl. S. 116 ff) zur *einzigen* Referenz für das, was er *»meine Version«* nennt. Bei ihm, der so wenig Interesse und Verständnis für den Mythos aufbringt, ist es kein Wunder, dass er voll und ganz auf diesen Unsinn hereinfällt.

UDO RAUCHFLEISCH (2017): *NARZISSTEN SIND AUCH NUR MENSCHEN*

Pseudo-Kritik

Udo Rauchfleisch (* 1942), Psychoanalytiker und emeritierter Professor für Klinische Psychologie an der Universität Basel, bezieht sich in seinem Buch immerhin auf alle sieben Varianten des Mythos. Und vorsichtig-kritisch schreibt er: *»Sichtet man die Literatur zum Narzissmuskonzept, so stellt man fest, dass dem Begriff ›Narzissmus‹ im Allgemeinen etwas sehr Negatives anhaftet.*

Im alltäglichen Sprachgebrauch wird die Eigenschaft ›narzisstisch‹ für einen Menschen verwendet, der selbstverliebt und eitel ist. Eine solche Charakterisierung trifft zwar zum Teil zu. Sie beschreibt aber lediglich die Oberfläche, den im Verhalten eines solchen Menschen sichtbaren Teil seiner Persönlichkeit. Die dieser Persönlichkeitsstörung zugrunde liegende Selbstwertstörung wird mit der Beschreibung ›selbstverliebt‹ und ›eitel‹ jedoch nicht berücksichtigt.« So weit, so gut. Er führt dann weiter aus, dass »*unter diesem Etikett in der Fachliteratur zum Teil völlig verschiedene Phänomene behandelt*« werden. Deshalb rät er sogar zum vorsichtigen Gebrauch des Wortes »*narzisstisch*«. Immerhin. Und in diesem Zusammenhang: »*Deshalb spricht Schlagmann* [2008] *geradezu von einer ›Sprachverwirrung von babylonischem Ausmaß‹.*« Doch der Autor leitet aus meinen Thesen keinerlei Konsequenzen ab, etwa ein Plädoyer für die Abschaffung dieses völlig unsinnigen Begriffes. Im Gegenteil: Er trägt zu dessen Fortbestand bei.

Sieben Varianten des Mythos

Rauchfleisch fasst die sieben Varianten des Mythos von Narziss grob zusammen. Er schickt den fragwürdigen Satz voraus, dass sich darin »*viel von dem ab*[bildet], *was für Menschen mit einer narzisstischen Störung charakteristisch ist.*« Diese Behauptung macht er in keiner Weise plausibel.

In Bezug auf Pausanias, der von der Trauer des Narziss um den Tod der Zwillingsschwester erzählt, spricht Rauchfleisch von »*einer ersten Version des Mythos*« – und übernimmt damit die Nummerierung aus meinem Artikel. Tatsächlich erschließt sich der psycho-logische Gehalt des Mythos am deutlichsten aus der Pausanias-Version. Auch die Zählung der folgenden Versionen folgt exakt der meinigen (Version 2: Vater; Version 3: Mutter; ...). Daraus ergibt sich dann ja für mich die Unterteilung in die zwei Klassen von Varianten. Schade nur, dass Rauchfleisch meinem Resümee über die zwei Arten, an sozialen Beziehungen zu leiden, nicht folgen wollte.

Udo Rauchfleisch (2017): *Narzissten sind auch nur Menschen*

Trauer um die Zwillingsschwester: So mag er auch beispielsweise die allzu natürliche Trauer eines jungen Menschen um seine Zwillingsschwester nicht wörtlich nehmen, sondern vermutet einen vermeintlich tieferen Hintergrund: »*In diesem Fall geht es im Mythos darum, dass ein geliebter Mensch als der eigenen Person gleich erlebt und eine Verschmelzung mit dieser Person (im Sinne eines Selbstobjekts) gesucht wird.*« Warum bemüht Rauchfleisch derart verwirrende, abstrakte Konstrukte, statt das Bild für *sich* sprechen zu lassen? Pausanias zufolge ist dem Narziss völlig klar, dass es sein *eigenes Spiegelbild* ist, das er zu greifen sucht. Es geht dabei nicht um Verschmelzen-Wollen, sondern um das vergebliche *Festhalten-Wollen* eines geliebten Menschen und um die tiefe Trauer über dessen Tod.

Suche nach Ideal-Objekten: Dass Narziss nach dem vermeintlichen Vater und der vermeintlichen Mutter greift, fasst Rauchfleisch ebenfalls in seltsam abstrakter Weise als die »*Suche nach einem Idealobjekt*« auf – was auch immer das heißen mag. Und in dem Griff nach sich selbst sieht er schließlich »*im Sinne unserer modernen Narzissmustheorien die verhängnisvolle Situation eines Menschen, der die Erfüllung seiner Liebeswünsche in der Konzentration auf sich selbst sucht*«. Damit lenkt er beharrlich von jener viel weniger abstrakten Sicht ab, wie ich sie formuliert hatte: das vergebliche Sich-Selbst-Festhalten-Wollen als das Betrauern der eigenen *Endlichkeit*.

Liebeswünsche zweier Männer: Rauchfleisch spricht auch die Thematik der »*gleichgeschlechtlichen Liebe zweier Männer zu Narkissos*« an – also Ameinias und Ellops. Unter Bezug auf Konon spricht Rauchfleisch davon, dass »*sich Narkissos das Leben* [nimmt]*, weil er die unerfüllte Sehnsucht nach dem eigenen Spiegelbild nicht erträgt.*« Das wird bei Konon zwar so gesagt, doch wird dort auch die angeblich gerechte Bestrafung wegen der vermeintlichen Verantwortung für den Tod des Ameinias thematisiert. Von der Symbolik her ließe sich das so übersetzen, dass die vermittelten Schuldgefühle bei Narziss bereits greifen und ihn leiden lassen. Und als hätte Rauchfleisch daran nichts auszusetzen, als hätte er keinerlei Mitgefühl für den derartig unter Druck gesetzten Narziss, heißt es bei ihm: »*Im Zentrum dieser beiden Versionen des Mythos* [hier ist die Version mit Ellops inbegriffen] *stehen, ähnlich wie in der Geschichte der von Narkissos verschmähten Nymphe Echo, die Zurückweisung der Liebeswünsche anderer Menschen.*« Also *kein* Fünkchen Verständnis für Narziss, der von zwei Kerlen bedrängt und belästigt wird. Narziss ist für Rauchfleisch offenbar der Bösewicht, der die harmlosen »*Liebeswünsche*« zweier Männer zurückweist. Wie garstig! Dabei gibt es doch viele plausible Erklärungen, warum ein Mensch sich den Avancen eines anderen Menschen verschließt. Dafür müsste Narziss im Fall von Ameinias und Ellops nicht einmal zwingend heterosexuell sein. Allein, dass Ellops den Narziss am Ende ermordet, spricht nicht dafür, dass jener irgendwie besonders sympathisch gewesen wäre.

Narziss = *Narzissmus*

Unmittelbar an das letzte Rauchfleisch-Zitat anknüpfend heißt es: »*Die in den verschiedenen Versionen des Mythos thematisierten Motive finden sich in der einen oder anderen Weise auch in den modernen psychologischen Narzissmustheorien. Im Zentrum steht die Unfähigkeit der narzisstischen Person, die Liebe anderer Menschen anzunehmen und darauf mit eigenen Liebesgefühlen zu antworten.*« Auch wenn ich mich hier wiederhole: Kann denn bei Echo, Ameinias und Ellops überhaupt von der »*Liebe anderer Menschen*« gesprochen werden? Hätten diese drei den Narziss wirklich geliebt, dann hätten sie ihn in Ruhe gelassen. Rauchfleisch kann doch nicht ernsthaft denken, Narziss hätte auf deren Zudringlichkeit »*mit eigenen Liebesgefühlen (...) antworten*« sollen. Wie stellt er sich das vor? Vielleicht mit allen gleichzeitig, wo sie doch alle so schrecklich in »*Liebe*« zu ihm entbrannt sind? Oder immer abwechselnd?

MICHAEL ERMANN (2020): *NARZISSMUS*

Die Macht des Schicksals

Wenn es nach Michael Ermann (* 1943) geht, dem emeritierten Professor für Psychosomatik und Psychotherapie an der Universität München, dann stellt Ovid in der Geschichte von Narziss eine Betrachtung über die Macht des Schicksals an. Das ist durchaus nicht verkehrt, und es verhält sich so – richtig verstanden – nicht nur bei Ovid, sondern auch bei Pausanias, Konon, Probus, Pomponius Sabinus und anderen Mythografen: Narziss leidet insofern an seinem Schicksal, als dass ihm geliebte Menschen verloren gehen und ungeliebte Menschen sich ihm massiv und nachhaltig aufdrängen.

Vernünftig klingt Ermanns Aussage, dass »*die Gleichsetzung Narziss gleich (verwerfliche) Selbstliebe vereinfachend*« sei. »*Sie ist in dieser Form auch in keiner Version des Mythos enthalten und wahrscheinlich erst durch Überlagerungen mit christlichen Werten im Mittelalter entstanden.*« So weit, so gut. Aber dann folgt sein Glaubensbekenntnis: »*Es geht hier nicht um Selbstliebe, sondern um die Projektion von Selbstaspekten auf den vermeintlichen Anderen, um eine Beziehungsform, die wir heute als Beziehung nach dem Typus der narzisstischen Objektwahl bezeichnen. In ihr zeigt sich die Sehnsucht nach einer Beziehung mit größtmöglicher Übereinstimmung mit dem Subjekt.*« Was immer das heißen möge. Dieses Gefasel stimmt auf jeden Fall mit den unverständlichen Auslassungen Freuds von 1914 überein. Wenn aber hier die »*größtmögliche Übereinstimmung*« so wichtig sein soll: Warum – bitteschön – fühlt sich Narziss dann zwar mit seiner Zwillingsschwester auf's Engste verbunden, will aber von der Nymphe, die ihm exakt alles nachplappert, oder von dem Kerl, der exakt sein Geschlecht besitzt, nichts wissen?

Ermann schreibt: »*Im Fluss gezeugt, stehen die Selbstspiegelung des Narziss und sein Tod in Beziehung zum Element seiner Zeugung, dem Wasser, und damit zu seinen Eltern, der Quellnymphe und dem Flussgott. Man kann sagen, er kehrt mit dem Tod zu den Eltern zurück«*. Diesen vernünftigen Gedanken könnte Ermann fast wörtlich meinem Beitrag von 2008 entnommen haben, den er jedoch nur in gänzlich unwichtigem Zusammenhang zitiert.

Ringen um homoerotische Tendenzen, Begierden ohne Halt

Wie seine berühmten Vorläufer – Isidor Sadger, Otto Rank & Sigmund Freud – ist sich auch Ermann sicher: »*In der Zurückweisung des Ameinios und der Übergabe des Schwertes kann man ein Ringen mit homoerotischen Tendenzen vermuten (…).*« Ja, in psychoanalytischen Lehrbüchern wird das Hantieren mit Dolchen und Schwertern gerne als Ausdruck homosexueller Impulse gedeutet. Da kann dann bloß kein Jüngling der Antike mehr einen Päderasten in kodifizierter Art zurückweisen (vgl. S. 24), ohne sich gleichzeitig als schwul zu outen – »unbewusst« natürlich.

Und Echo erscheint »*als der zerbrochene Spiegel, der Begierden weckt, aber keinen Halt gibt, sie zu befriedigen und verarbeiten.*« Ja, so erklärt sich Ermann, warum Narziss mit der nachplappernden Nymphe keine Beziehung eingehen möchte. Dass man schon nach wenigen Momenten in ihrer Gesellschaft wahnsinnig werden muss, das scheint sich ihm nicht zu erschließen. Und noch eine – von Marshall McLuhan entlehnte – viel zu komplizierte Konstruktion, um sich Narziss' Abweisung der Echo zu erklären: »*Indem er sein Selbst im Spiegel des Wassers erweitert, gerät er in einen Zustand der Narkotisierung, in dem Echo ihn nicht mehr erreichen kann.*« Was immer das heißen möge. Jedenfalls hatte Narziss in dem Moment *nicht* narkotisiert in irgendeinen Teich gestarrt, als er vor Echos – sehr wohl verstandenem – hohlen Geplapper schnellstens Reißaus nahm.

Anfälligkeit für Fake-Mythen

Auch Ermann fällt auf den Fake-Mythos von Wikipedia herein: »*Eine andere Version stammt von Pausanias (…), der die Selbstliebe des Jünglings Narziss noch stärker betonte. Danach verweilte er an einem See und erfreute sich seines im Wasser gespiegelten Antlitzes.*

Als durch göttliche Fügung ein Blatt herabfiel und das Spiegelbild trübte, starb Narziss durch die Erkenntnis seiner vermeintlichen Hässlichkeit.« Einen Hinweis, welcher Quelle er diese vermeintliche Weisheit verdankt, gibt Ermann nicht.

WIKIPEDIA (2005–2020): *NARZISS*

Neue Version – echt antik

Laut der Versionsgeschichte des Wikipedia-Artikels zum Stichwort *Narziss* führt am 10.08.2005 ein *Georgios* die bereits mehrfach zitierte Fake-Version ein (hier mit allen Rechtschreibfehlern des Originals wiedergegeben): »*Eines Tages setzte er sich an den See um sich seines Spiegelbildes zu erfreuen, Woraufhin, durch Göttliche fügung ein Blatt ins Wasser fiel und so, durch die erzeugten Wellen sein Spiegelbild trübte, Geschockt von der Vermeintlichen Erkenntniss, er sei hässlich (wegen der Wellen die sein Spiegelbild verzerrten) starb Er.*« *Georgios* setzt diesen Text unmittelbar vor einen bestehenden Verweis auf Pausanias. Über verschiedene Abänderungen durch andere Wikipedia-AutorInnen ergibt sich dann: »*Pausanias überliefert: Eines Tages setzte sich Narziss an den See, um sich seines Spiegelbildes zu erfreuen, woraufhin durch göttliche Fügung ein Blatt ins Wasser fiel und so durch die erzeugten Wellen sein Spiegelbild trübte. Schockiert von der vermeintlichen Erkenntnis, er sei hässlich, starb er. Nach seinem Tode wurde er in eine Narzisse verwandelt. [7]*« In Fußnote [7] dann der unvollständige Hinweis auf die echte Mythenversion von Pausanias: »*Beschreibung Griechenlands 9.31.7*« (korrekt: 9.31.7-9). Aber an der angegebenen Stelle findet man diese Blatt-Geschichte *nicht* – wie auch an keiner anderen Pausanias-Stelle. Das war bei Wikipedia zwar bereits im Jahr 2011 aufgefallen, ist jedoch lange Zeit nicht korrigiert worden.

Verschlimmbesserung

Am 19.10.2020 hat der Wikipedia-Autor »*Mautpreller*« – aufmerksam geworden durch meine Webseite – den Artikel nachhaltig verändert. Die *Blattgeschichte* hat er gelöscht. Er führt nun

auch – korrekt – nur noch eine einzige Rachegöttin ins Feld: Nemesis. Die Sache mit der Vergewaltigung hat er gut relativiert. Das alles geschieht jedoch eher heimlich: Nur auf der Diskussionsseite findet sich ein Hinweis auf die 15-jährige Verbreitung eines Fake-Mythos durch Wikipedia. Es wird auch nicht etwa daran gedacht, eine Art Rückrufaktion für diese Fälschung zu starten. Ebenso gibt es keinen Hinweis in dem Artikel selbst, welchem Autor und welcher Webseite man die Aufmerksamkeit für diesen schlechten Scherz verdankt.
Darüber hinaus bestehen etliche Mängel weiter: Wieseler (1856) mit seiner Sammlung der sieben Varianten bleibt unerwähnt. Es fehlen Hinweise auf die Suche nach dem Vater beziehungsweise der Mutter. Der Mörder Ellops findet keine Erwähnung. Die enge Beziehung des Mythos zur Vergänglichkeit bleibt ausgeblendet. Dass die Aussagen des Ovid zur Bestrafung des Narziss wohl ironisch gemeint sind, wird nicht reflektiert. Über die symbolische Bedeutung der Rücksendung eines Schwertes an einen Päderasten wird nicht aufgeklärt. Und es wird ein neuer Fake-Mythos geschaffen: Narziss habe sich *»an die Quelle des Flusses Narzissus gesetzt und sich in das verliebt, was er dort gesehen habe«*. Den Fluss *Narzissus* gibt es nicht.

Reingefallen

Die von mir erstellte Liste derer, die kritiklos auf diese unsinnige Blattgeschichte von Wikipedia hereingefallen sind oder sie bewusst verbreiten, umfasst bislang über 70 AutorInnen[5]. Der grotesk unstimmige, als antikes Original geadelte Pausanias-Fake-Mythos verzerrt den ohnehin schon entstellt gedeuteten Mythos noch mehr. Der selbstbewusste, souveräne Narziss wird zur Witzfigur herabgewürdigt. Die MultiplikatorInnen dürfen stolz darauf sein, an dieser Entwürdigung mitgewirkt zu haben. Das von ihnen

5 Auf meiner Webseite sind diese »SpezialistInnen« aufgeführt und zitiert: https://narzissmus-diskussion.de/fake-mythen/reingefallen/

verbreitete Zerrbild des Narziss beeinflusst das öffentliche Bewusstsein. In einigen dieser Textstellen ist der Fake-Mythos inzwischen sogar zur *einzigen* Referenz für die Geschichte von Narziss geworden.
Diese gefälschte Pausanias-Version ist mittlerweile auch zum Inhalt einer englisch verfassten wissenschaftlichen Arbeit am Lehrstuhl des Professors für Differentielle Psychologie an der Universität Graz, Aljoscha C. Neubauer, geworden (Jauk et al, 2017): »*In another prominent version by Pausanias, the myth has a different ending: Narcissus is gazing at himself, when suddenly a leaf falls into the water and distorts the image. Narcissus is shocked by the ugliness of his mirror image, which ultimately leads him to death.*«[6]
Jetzt lässt sich dieser Fake-Mythos also auch im anglo-amerikanischen Sprachraum nachlesen. Wer weiß, wohin sich von dort aus diese »*bekannte Version von Pausanias*« noch überall hin verbreitet. So mag diese Variante dann tatsächlich immer »bekannter« werden – weltweit.

Rachegöttinnen

Wikipedia hat über Jahre hinweg abwechselnd Artemis oder Aphrodite als alternative Rachegöttinnen genannt. Mit Aphrodite als Rächerin beginnt der erste Wikipedia-Eintrag zu Narziss vom 04.10.2003. Bei Eschenbach (1985) und Mugerauer (1994) – also lange vor Wikipedia – fand ich die (bislang) ältesten Stellen, an denen Aphrodite als Rächerin gehandelt wird. Eschenbach offenbart keine Quelle für ihre Version. Mugerauer bezieht sich bei seiner Behauptung fälschlicherweise auf Ovid.
Am 27.03.2010 wird Aphrodite dann durch Artemis ersetzt. Als Quelle hierfür kommt Robert v. Ranke-Graves (1984) in Frage, der

6 *»In einer anderen prominenten Version von Pausanias hat der Mythos ein anderes Ende: Narziss betrachtet sich selbst, als ein Blatt ins Wasser fällt und sein Bild zerstört. Narziss ist schockiert von der Hässlichkeit seines Spiegelbildes, was schließlich zu seinem Tod führt.«*

für seine Version jedoch keine antike Textstelle anführt. Vermutlich bezieht sich Wardetzki (2009) auf ihn und gibt mit ihrer damaligen Neuerscheinung womöglich den Anstoß zur »Korrektur« auf Wikipedia in 2010. Artemis, die Göttin der Jagd, hätte dabei sicherlich *gar nichts* gegen sexuelle Enthaltsamkeit einzuwenden gehabt. Sie konnte mächtig sauer werden, wenn eine Frau aus ihrem Gefolge ihre Jungfernschaft verlor. Kallisto beispielsweise wird von Artemis gnadenlos verstoßen, nachdem diese – trotz heftigster Gegenwehr – von Göttervater Zeus überwältigt und geschwängert worden war. Den jungen Aktaion bringt Artemis um sein Leben, weil er sich in eine Höhle verirrt und sie dort nackt beim Baden überrascht hatte. Zudem gehört der eingeschworene Junggeselle Hippolytos zu ihren glühendsten Verehrern. Kaum vorstellbar, dass sich Artemis für eine Aufforderung des Ameinias hergegeben hätte, den Narziss wegen mangelnder sexueller Willfährigkeit zu bestrafen.

In den mir vorliegenden Quellentexten – Ovid, Pausanias, Konon, Probus und Pomponius Sabinus, die beiden Letzteren jeweils in Auszügen bei Wieseler zitiert – sind mir weder Aphrodite noch Artemis je als Rächerinnen begegnet. Bei diesen beiden Göttinnen wäre auch nicht nachvollziehbar, weshalb sie den Narziss für sein selbstverständliches, gänzlich angemessenes Handeln bestraft haben sollten.

Wissenschaftliche Redlichkeit

Einmal mehr zeigt sich, dass Wikipedia nur mit größter Vorsicht zu genießen ist. Es hätte dabei in der Verantwortung der jeweiligen AutorInnen gelegen, sich kritisch mit der Quelle ihrer vermeintlichen Erkenntnis auseinanderzusetzen. Gerade dann, wenn Fachleute tatsächlich den Mythos von Narziss für eine geniale und stimmige Vorlage für das Freudsche *Narzissmus*-Konzept halten, hätten sie doch mal einen kurzen Blick auf das angebliche Pausanias-Original werfen können. Auf jeden Fall hätte es zu ihrer wissenschaftlichen Pflicht gehört anzugeben, woher sie ihre Weisheiten bezogen haben – und sei es, dass sie sich nur dazu bekannt hätten, es von Wikipedia abgeschrieben zu haben. Es nicht getan zu haben, spricht für ihre Schlampigkeit – oder für ihre bewusste Absicht zu täuschen.

Und so ist diese Episode vielleicht bezeichnend für die gesamte »wissenschaftliche« Auseinandersetzung mit dem *Narzissmus*: Wenn unerheblich ist, was die antiken Mythen tatsächlich erzählen, geschweige denn, was Ellis, Näcke, Sadger oder Freud schreiben, dann lässt sich leichter zusammenreimen, was immer man wünscht. Und so dient am Ende eine pervertierte Geschichte von Narziss als Begründung dafür, um Julian Assange ins Gefängnis zu schicken.

ZUSAMMENFASSUNG

Wenn ich mal zusammenfasse, was in den Augen der hier vorgestellten AutorInnen dieser *Narziss(t)* so alles verkörpert, dann ist da zum einen sein perverses, inzestuöses Streben. Überhaupt zeigt er eine gestörte Sexualität. Ständig sucht er sexuelle Affären und geht permanent fremd. Deutlich nimmt man sein Ringen mit seiner Homosexualität wahr. Und da ist auch noch sein unbändiges Bedürfnis nach Rückkehr in den Mutterleib. Über die Fähigkeit, zwischen sich und seinem Gegenüber zu unterscheiden, verfügt er nicht. Tatsächlich ist er doch sogar so blöd, dass er sein Spiegelbild im Wasser für jemand anderen hält. Und dann ist er wahnsinnig ent-täuscht, dass er da nur ins Leere greift. Eigene Substanz besitzt er nicht. Deshalb muss er sich seine Lebendigkeit wie ein Vampir aus den Adern anderer saugen. Gefühle sind ihm fremd, er zeigt sich emotional abgestumpft. Und andersrum: Er ist geradezu krankhaft depressiv, wie seine Trauer über den Tod allernächster Angehöriger zeigt. Oder aber er ist wahnsinnig aggressiv und wütend. Er spielt mit Beziehungen, indem er andere zunächst verlockt und verführt, sie dann aber auch wieder brutal zurückweist. Das wiederum macht die Abgeblitzten ihrerseits – nur allzu verständlich – saumäßig wütend. Die Ermordung dieses fiesen Kerls ist da geradezu als Notwehr zu bezeichnen.

Narziss weiß nie so recht, was genau seine Bedürfnisse eigentlich sind – was am Ende zu einer komplett unrealistischen Selbsteinschätzung führt. Womöglich hat er deshalb so irrsinnige Angst vor Verlassenheit. Er sehnt sich ständig danach, von anderen gespiegelt zu werden und alles nachgeplappert zu bekommen, was er selbst gerade gesagt hat. Gleichzeitig kann es aber auch passieren, dass er sich überhaupt nicht für das interessiert, was er geechot bekommt. Wenn ihm andere begegnen, gerät er ganz schnell in Panik und haut – völlig grundlos – ab. Auf harmlose Liebeserklärungen und -angebote reagiert er mit schroffen, brutalen Abweisungen bis hin zur Aufforderung zum Selbstmord. Wenn andere wegen seiner Absage vor sich hinsiechen oder sich gar tatsächlich das Leben nehmen, dann lässt ihn das vollkommen kalt. Jedes Gericht würde hier seine Schuld erkennen und nicht zögern, ihn wegen unterlassener Hilfeleistung auf's Härteste zu bestrafen! Ständig treten seine Entwertungen anderer und sein Mangel an Einfühlung zu Tage – ein emotionaler Analphabet eben. Er dreht sich ständig nur um sich selbst. Insgesamt erinnert er damit im Grunde sehr an Ikaros, Prometheus, Luzifer, Sisyphus, Ödipus, Utnapischti oder Uitzilopochtli. Und, stellt euch vor, der kriegt ja sogar schon die Krise, wenn da nur mal ein Blatt in den See fällt und sein Spiegelbild ins Kräuseln bringt! War doch höchste Zeit, dass der mal 'ne tödliche Quittung für sein ekelhaftes Verhalten bekommen hat! Das, was er mit den anderen gemacht hat, war mindestens genauso schlimm!

Gegen das Neusprech

So ungefähr müssten die von mir untersuchten SpezialistInnen ein Resümee über ihre gesammelten Weisheiten ziehen. Obwohl der Mythos bereits 1856 von Friedrich Wieseler in seinen verschiedenen Aspekten aufgefächert wurde, steht im Mittelpunkt der hier vorgestellten Betrachtungen in der Regel die Begegnung des Narziss mit der hohlen Echo. Gerade diese Fassung weist nun eine Besonderheit auf: Ihr Autor, Ovid, arbeitet deutlich mit dem

Stilmittel der Ironie. Da bedarf es schon eines echten Interesses an dem Mythos, um die Verstellung (= eironeia) zu durchschauen und ihren (mutmaßlichen) Hintergrund zu verstehen. Aber selbst dann, wenn psychotherapeutische Fachleute diese ironische Täuschung nicht durchschauen: Gerade sie sollten doch eigentlich die Fähigkeit mitbringen, sich in andere einzufühlen. Damit sollten sie doch sofort begreifen, welch eine Quälerei es sein müsste, mit einem Menschen zusammenzuleben, der nur jeweils das nachplappert, was man selbst gerade gesagt hat. Niemals hält einem der andere eine eigenständige Position entgegen. Niemals gibt es ein Gespräch, das von dem anderen ausgeht. Niemals hört man etwas anderes als das, was man selbst gerade gesagt hat. Das ist Folter. Das treibt in den Wahnsinn, wenn man es länger als ein paar Sekunden aushalten muss.

Die zitierten »Fachleute« bestätigen dem Narziss nun jedoch *keineswegs*, dass seine rasche und klare Entscheidung *gegen* eine solche Beziehung *für* seine Beziehungs*fähigkeit* spricht. Vielmehr sagen ihm sämtliche AutorInnen, die diese Episode streifen, eine brutale, herzlose Beziehungs*unfähigkeit* nach. Manchen scheint ihre eigene Widersprüchlichkeit noch nicht einmal aufzufallen: Einerseits werfen sie dem Narziss vor, Echo verschmäht zu haben. Andererseits sagen sie gerade den *Narzissten* nach, sie *suchten* die Gesellschaft solcher Menschen, die ihnen jedes Wort einzeln nachbeteten. Sind diese »ExpertInnen« wirklich blöd? Oder stellen sie sich nur dumm und wollen mit ihrem widersprüchlichen Geschwätz bloß für Verwirrung im öffentlichen Bewusstsein sorgen?

Gerügt wird derjenige, der sich der gnadenlosen Belästigung entziehen möchte. Dass Narziss die homosexuellen Beziehungswünsche von Ameinias und Ellops zurückweist, sogar das wird ihm allen Ernstes als Beziehungs*unfähigkeit* ausgelegt. Bitte legen Sie mir das nicht als »Homophobie« aus. Für mich sind diese Absagen an entsprechende Avancen einfach nur noch viel unspektakulärer und selbstverständlicher, als die Abweisung einer noch so hübschen, aber hohlen Nymphe.

Es lässt sich unschwer ausmalen, dass entsprechende Fachleute wohl auch in ihren »Therapien« KlientInnen mit vergleichbaren Problemen nach diesem Muster beschuldigen. Bedauert werden diejenigen, die den Narziss egozentrisch stalken und bedrängen. Ihr grenzüberschreitendes, depressives, magersüchtiges, essgestörtes, autoaggressives, suizidales, psychopathisches, zerstörerisches Handeln wird so gut wie *nie* in den Mittelpunkt von Reflexionen über psychopathologisches Verhalten gerückt.
Völlig grotesk ist, dass immer wieder dem Narziss »Schuld« zugeschoben wird. Schuld am Siechtum der Echo, Schuld am Suizid des Ameinias, ja sogar Schuld an der mörderischen Raserei des Ellops. Hier wird ein Schuld-Kult herbeigefaselt, der das Zeug hätte, quasi religionsübergreifend die christliche Erbsünde abzulösen. Das Herbeireden von Schuld bei der völlig berechtigten, selbst-bewussten, sozial kompetenten, achtsamen Handlung eines 16-Jährigen muss geradezu zwangsläufig das erzeugen, was Rainer Mausfeld *»moralische Apathie«* nennt. Wir gewöhnen uns durch solche Lektüre daran, uns über die Frage von Schuld und Unschuld gar keine plausible Rechenschaft mehr abzugeben. Wir glauben beim Lesen eines Textes oder beim Verfolgen eines Vortrags, es irgendwie begriffen zu haben – eingelullt durch unverständliche Phrasen und wirre Gedankenkapriolen, die den Verstand schwindelig werden lassen. Und so sickert das Neusprech immer mehr in unser Bewusstsein ein: Trauer um eine 16-jährig verstorbene Zwillingsschwester ist depressive Gefühlsduselei. Selbstbestimmung ist Verantwortungslosigkeit. Eigenverantwortung ist Schuld. Abgrenzung ist Kaltherzigkeit. Selbstbehauptung ist unterlassene Hilfeleistung.
Mit diesem Neusprech wird auch gleich noch ein Neumythos eingeführt. Und fünf der hier angeführten »Wissenschaftler« – Maaz, Haller, Bonelli, Peichl und Ermann – machen sich unbeschwert zu Trägern dieser Lüge, heben sie auf ihre Schultern, sichern ihr damit breite Aufmerksamkeit, als wollten sie den sensiblen, selbstbewussten Jüngling mal so richtig als Volltrottel dastehen lassen.

Aber die eigentlichen Trottel sind schnell und eindeutig auszumachen.
Warum nur gehen in all diesen Auseinandersetzungen um einen alten Mythos und den daraus sinnwidrig abgeleiteten Begriff die zaghaften Ansätze, das Geschehen wissenschaftlich in Frage zu stellen – durch Petzold, Lammers & Eismann oder Mestel – so vollkommen unter?[7] Warum hatte ein solcher Gedanke über einhundert Jahre hinweg bis heute keine Chance, formuliert, gehört und ernst genommen zu werden?

7 Ein einziges – ähnlich zaghaftes – Zweifeln an der Deutung des Mythos ist mir bei meiner Suche in der Belletristik begegnet: bei John Burnside (2019).

SCHÄDEN DURCH FEHLDEUTUNGEN

Angeschossene Schwangere für Tod ihres Kindes angeklagt

Die schwangere Marshae Jones wurde bei einem Streit angeschossen und verlor deswegen ihr Kind. Jetzt hat die Staatsanwaltschaft in Alabama Anklage wegen Totschlags erhoben – gegen Marshae Jones.

Im amerikanischen Alabama ist eine Siebenundzwanzigjährige verhaftet worden, die nach einem Bauchschuss ihr ungeborenes Kind verloren hatte. Die Staatsanwaltschaft des Bezirks Jefferson erhob gegen Marshae Jones zudem Anklage wegen Totschlags, da sie den Streit mit der Schützin provoziert habe. Die Afroamerikanerinnen hatten sich Anfang Dezember 2018 zufällig vor einem Einkaufszentrum in der Kleinstadt Pleasant Grove getroffen. (…) »Das Kind war auf die Mutter angewiesen. Sie hätte keinen unnötigen Streit suchen dürfen«, sagte Polizeichef Danny Reid der »Birmingham News«.

Christiane Heil für FAZ-online, aktualisiert am 28.06.2019
https://www.faz.net/aktuell/gesellschaft/menschen/alabama-angeschossene-schwangere-fuer-tod-ihres-kindes-angeklagt-16258791.html

Dieses plastische Beispiel zeigt, wie widersinnig – selbst in neuester Zeit – ein »Fachmann«, der Polizeichef von Pleasant Grove, ein Gewaltopfer zur Täterin erklären kann. Beispiele aus der Alltagspsychotherapie können sich ganz ähnlich lesen: skrupellose Opferbeschuldigung inklusive professioneller Abfederung von Kritik durch Ethikvereine und -kommissionen oder Verbändetreffen. (K. S.)

PSYCHOTHERAPEUTISCHE AUSBILDUNG

Was die Fehl-Deutung eines Mythos betrifft, so könnte man ja relativ gelassen bleiben: Es ist ja *nur* eine Erzählung! Was aber passiert, wenn es die *Lebensgeschichte* eines Menschen aus Fleisch und Blut ist, die falsch interpretiert wird, wenn sich eine vermeintlich »therapierte« Person unverstanden und beschuldigt fühlt? Wie wirkt es, wenn Hilfesuchende ihre durchaus berechtigten Gefühle von ihren »BehandlerInnen« abgesprochen bekommen, wenn also ihre Emotionen »invalidiert« werden? Was macht es mit Menschen, wenn ihnen Fehlverhalten und Versagen vorgeworfen wird, obwohl sie – ganz im Gegenteil – ziemlich großartig gehandelt haben? Was ist, wenn vertrauensvoll erzählte Lebensgeschichten bei den »Profis« nicht »ankommen«, wenn sie dort – wie »*Blumen auf Granit*« – einfach keine Wurzeln zu schlagen vermögen? Ist es unbedenklich, wenn entsprechendes Unverständnis in Diagnosen mündet, die an Krankenkassen, weiterbehandelnde Ärzte, Gerichte oder Angehörige weitergegeben werden?
Mit solchen Problemen werden eventuell sogar Menschen konfrontiert, die gar nicht so sehr »krank« oder »gestört« sind, sondern sich selbst – meist auf der Grundlage eines erfolgreich absolvierten Medizin- oder Psychologiestudiums – therapeutisch ausbilden lassen. In entsprechenden Fortbildungen arbeitet man sich in der Regel an den Marotten und Symptomen ab, die die TeilnehmerInnen selbst mitbringen.

»*Blumen auf Granit*« (1980) – Erfahrungsbericht einer Lehranalyse

Die Ärztin Dörte v. Drigalski beschreibt in beispielloser Offenheit und Präzision, wie sie im Rahmen ihrer sogenannten Lehranalyse von ihrem Lehranalytiker geradezu systematisch missverstanden wird. Ein Beispiel: Als sie ihm erzählt, dass sie in der Kinderklinik, in der sie arbeitet, auf gravierende Mängel an einem Beatmungsgerät aufmerksam geworden war und sich sofort für eine plausible Abhilfe engagiert hatte, dabei jedoch von der Klinikleitung massiv

gebremst wurde, »deutet« er dies als den Versuch, ihren Chefarzt zu »*depotenzieren*« und zu »*kastrieren*«. Derartige Unterstellungen und Fehldeutungen erlebt sie in einer Tour. Da sie als junge Ärztin zunächst geneigt ist, dem »Fachmann« zu vertrauen, bleibt sie am Ball. Sie beginnt, an sich selbst zu zweifeln, und stellt die Beweggründe ihres Handelns infrage. Ihre zumeist ebenfalls in »Therapie« befindlichen KollegInnen beschwichtigen ihre Irritationen: Das gehöre dazu. Da müsse sie durch. Es sei nicht immer leicht, sich mit seinen unbewussten Motiven auseinanderzusetzen.
Nur selten bekommt sie den Rat, diesen Unsinn rasch zu beenden. Erst allmählich wird ihr so richtig klar, welch einer Tortur sie sich aussetzt. Am Ende dieser »Fortbildung«, die sie fünf Jahre lang über sich ergehen lässt und für die sie ein kleines Vermögen ausgibt, wird ihr bescheinigt, »*nicht analysierbar*« zu sein. Als analytische Therapeutin sei sie ungeeignet. Sie schreibt ihre Erfahrungen nieder. Ihre »*Blumen auf Granit*« (1980) erregen Aufsehen. Das Buch wird im SPIEGEL rezensiert. Dort erscheint – ohne sie als Autorin zu nennen und zwei Jahre verzögert – auch ein Beitrag von ihr selbst. Bis heute macht sie auf das Problem von Therapieschäden aufmerksam. Zahlreiche Betroffene fühlen sich durch sie ermutigt, über ähnliche Leidensgeschichten nun erstmals vorsichtig zu sprechen.
Durch ihren kritischen Geist erspart sich Dörte v. Drigalski ein »Schicksal«, das drei ihrer AusbildungskollegInnen – zwei davon waren junge Väter – ereilt hatte: Sie nahmen sich in der Zeit ihrer Lehrtherapie oder kurz danach das Leben. Eine vierte Kollegin brach die Lehrtherapie ab, nachdem sie starke Suizidgedanken entwickelt hatte.
Die Autorin erhält damals ausdrücklichen Zuspruch von führenden Therapie- und Medizinkritikern und sonstigen aufgeklärten Geistern: Alice Miller, Jeffrey Masson, Hans Strupp, Klaus Grawe. Dieter Zimmer, Ivan Illich oder Senta Trömel-Plötz. Doch an den VertreterInnen ihres eigenen Fachverbandes, an ihren AusbilderInnen und an den meisten ihrer LeidensgenossInnen prallt das Thema *Therapieschäden* so gut wie vollkommen ab.

Alfred Pritz von der Sigmund Freud Privatuniversität (SFP) in Wien gibt im Jahr 2008 einen *Literaturführer* zu »*Einhundert Meisterwerken der Psychotherapie*« heraus. Die »*Blumen auf Granit*« sind darin aufgenommen. Der an selbiger SFP lehrende Bernd Rieker handelt das Buch auf knapp zwei Seiten ab und konzentriert sich dabei fast ausschließlich auf die vermeintlich »*schwierige*« Persönlichkeit der Autorin. Dörte v. Drigalski hat beispielsweise in dem Buch die entwertende Sicht ihres Lehranalytikers auf sie zusammengefasst und sie sich – in deutlich ironischer Absicht – zu eigen gemacht. Rieker zitiert diese Passage und ist so verständnislos, zumindest tut er so, dass er diesen Abschnitt als »*Selbsteinschätzung*« der Autorin ausgibt. Und er setzt fort: Sie sei »*eine ›schwierige‹ Person, und das weiß sie selbst. Sie erregt oftmals Anstoß, evoziert Emotionen, hat Angst vor Nähe und neigt dazu, sich einerseits zu ›vernebeln‹ und andererseits überdurchschnittlich offen und direkt zu sein.*« Von ihrer Lehranalyse sei sie »*überfordert*« *gewesen*. So urteilt ein Professor für Psychotherapiewissenschaft mit zweifachem Doktortitel über die Autorin, die sich nicht daran erinnern kann, Rieker jemals gesprochen, gehört oder auch nur gesehen zu haben.

Die »*Blumen auf Granit*« erfüllen in dieser Sammlung von »*Meisterwerken*« offenbar bestenfalls die Funktion von Feigenblättern zur schamhaften Bedeckung der unübersehbaren Mängel des Freudschen Therapieansatzes. Damit meine ich nicht nur die geradezu systematische Opfer-Täter-Umkehr, die dort kultiviert wird, sondern auch die damit einhergehende Unwilligkeit zur Selbstkritik. Dörte v. Drigalski erfährt – parallel zu der vermeintlichen Wertschätzung durch Aufnahme in diesen »*Literaturführer*« – inhaltlich übelste Diskreditierung und Entwertung. Sie hatte es gewagt, die miserablen Erfahrungen ihrer Lehranalyse kritisch zu thematisieren. Dies ist wohl der Grund dafür, sie noch nach vielen Jahren zum Objekt einer als »Ehrung« verbrämten Diffamierungsaktion zu machen.

Die Wirkung der Ausbildung auf die Auszubildenden

Selbst ausgebildete ÄrztInnen und PsychologInnen können also in einer psychotherapeutischen Schulung systematisch missverstanden und entwertet werden. Dies kann sogar noch viele Jahre später in aller Öffentlichkeit geschehen. Um wie viel leichter lassen sich da Menschen in psychosozialen Notlagen schmähen und verleumden?

AusbildungskandidatInnen, die solch eine Dressur »erfolgreich« über sich haben ergehen lassen, erhalten am Ende die Lizenz, in derselben Art und Weise an anderen die erlernten Mechanismen der Opfer-Täter-Umkehr auszuleben. Sie beherrschen dann die Kunst, Therapien in ähnlicher Weise durchzuführen, entsprechende Gutachten zu verfassen oder als Mitglieder in Ethikvereinen und Verbändetreffen Kritik an miserablen »Behandlungen« abzuschmettern, wie nachfolgend dargestellt.

MOBBINGOPFER? *SELBER SCHULD!*

Ein ca. 60-jähriger Erzieher hatte wegen Konflikten an seiner Arbeitsstelle im Laufe der Zeit Schlafstörungen und Bluthochdruck entwickelt. Schließlich sucht er einen Therapeuten auf. Der behandelnde Kollege gibt korrekt die Einstellung des Klienten wieder[8]: *»Ich ertrage nicht, wenn die Kollegen aggressiv sind, wenn sie z. B. abfällig über die Kinder sprechen, die wir betreuen.«* Seine KollegInnen fühlten sich durch seine engagierte Haltung kritisiert, weshalb er systematisch aus dem Team ausgegrenzt wurde – selbst von der Leiterin der Einrichtung.

Der Therapeut analysiert nun, dem Klienten falle es schwer, sich in andere einzufühlen. Der Hintergrund: Weil seine Eltern sich nur mangelhaft in seine Bedürfnisse eingefühlt hätten, seien in ihm Enttäuschung und Wut entstanden, die er jedoch habe *»abwehren«*

8 Grundlage meiner Darstellung sind – neben dem eigenen Kontakt – die Therapieanträge, die der Kollege für den Klienten gestellt und mir in Kopie überlassen hatte.

müssen. Verzweifelt und auf drängende Art und Weise versuche er nun, anderen Menschen das abzuringen, was er selbst so schmerzlich entbehren musste. »*Ansprüchlichkeit*« bildet dann die Grundlage der (Fehl-)Diagnose: »*Narzisstische Persönlichkeitsstörung*« (nebst »*psychosomatischen Beschwerden*«).

Dass der Klient klagt, in der Einrichtung würde zu streng, zu kalt und zu unengagiert mit den Kindern umgegangen, wird gedeutet, dass er sich selbst idealisiere und andere moralisch entwerte. Es lägen Gut-Böse-Spaltungen vor. Der Klient urteile überheblich über andere und sei sich letztlich seiner eigenen Aggressivität nicht bewusst. Diese »*Selbstidealisierung*« sei ein Versuch »*der narzisstischen Konsolidierung*«, dies wiederum diene »*der Abwehr der Depression*«.

Der Klient selbst hingegen versteht sein Handeln als »*notwendigen Kampf gegen Ungerechtigkeit*«. Er sei nicht überwiegend »*aggressiv*«, sondern »*nur traurig*«. Das lässt der Therapeut jedoch nicht gelten. Die Zustände in der Einrichtung, institutionelle Missstände, reale Machtverhältnisse am Arbeitsplatz problematisiert er nicht. Stattdessen rückt er die angebliche »*Mutterübertragung*« in den Vordergrund der Analyse. Es gehe dem Klienten darum, »*aggressive Selbstanteile zu projizieren und außen zu bekämpfen*«. Der Klient *projiziere* also seine eigenen [!] Aggressionen auf das völlig friedliche Verhalten seiner KollegInnen, um es dann in dieser Außenwelt bekämpfen zu können. Die Ursachen für die Spannungen liegen demnach nur in ihm selbst.

Wenn der Klient sagt: »*Ich bin gewissenhaft, andere sind nachlässig und faul; so wie ich bin, konfrontiert das andere mit ihren Fehlern, und das schafft böses Blut*«, dann registriert hier der Therapeut – wie er in einem Therapieantrag festhält – bei sich »*ein Angstgefühl bei der Vorstellung, dass ich selbst zur Zielscheibe der Wut des Patienten würde.*« Der Therapeut rückt seine eigenen Gefühle in den Mittelpunkt (= »Gegenübertragung«). Und weil *er* diese Angst vor der Wut des Klienten hat, ist es ein untrügliches Zeichen dafür, dass sein Patient auf ihn auch so wütend *ist*.

Wenn der Klient seine Wahrnehmung schildert, dass seine KollegInnen nur rumsitzen und belangloses Zeug reden, wird das vom Therapeuten als »*abfällig*« und »*abwertend*« aufgefasst. Der Klient fühlt sich von dieser Äußerung des Therapeuten – zu Recht – angegriffen und unverstanden. Der Therapeut deutet dieses Sich-Angegriffen-Fühlen als Versuch, eine berechtigte Kritik abzuwehren. In dieser Situation bricht der Klient – endlich – die »*Analyse*« ab und verlässt, nach fast 300 Stunden »*Therapie*«, »*türenschlagend*« die Praxis. In seinem letzten Verlängerungsantrag hatte der Therapeut noch reflektiert: »*Es fiel mir manchmal schwer, so viel Ärger zu spüren und trotzdem im Kontakt und empathisch zu bleiben.*« Tatsächlich ist der Therapeut meilenweit davon entfernt, mit dem Klienten »*in Kontakt*« und ihm gegenüber »*empathisch*« zu sein. Im Verlauf der Therapie hatten sich die Probleme des Klienten – Schlafstörungen, Bluthochdruck – stetig verschlechtert.

NARZISSTISCHE MUTTER? *IHR KIND KOMMT INS HEIM!*

In einem Sorgerechtsstreit war einer beliebten Lehrerin, Frau X[9], im Dezember 2016 ihr achtjähriger Sohn Z weggenommen worden – basierend auf dem Gutachten einer Ärztin. Diagnose: Frau X befinde sich in einer »*fantasmatischen*« Lebenssituation, mache ihren Sohn zum »*Selbstobjekt*«, leide unter »*narzisstischer Angstverleugnung*«, Fragmentierungsängsten und »*narzisstischer Persönlichkeitsstruktur*«. Sie erlebe ihre »*innerpsychische Fantasie (…) wie die äußere Realität*«.

Diese Lehrerin hatte im Mai 2008 Herrn Y kennengelernt und ihn bereits zwei Monate später geheiratet. Wenige Wochen danach wurde sie schwanger. Y begann, seine Frau zu misshandeln. Im dritten Schwangerschaftsmonat, nach einer erneuten Gewalttat, beantragte sie bereits die Scheidung. Konfliktursachen waren bei-

9 Mit Frau X bekam ich Kontakt über die »*Walter-von-Baeyer-Gesellschaft für Ethik in der Psychiatrie e.V.*« (GEP). Das aufschlussreiche »Gutachten« hatte sie mir in Kopie überlassen.

spielsweise die Schulden, die Y mit in die Ehe gebracht hatte und die mit den Ersparnissen seiner Frau bezahlt wurden. Trotz der Beteuerungen von Herrn Y, die finanziellen Probleme seien nun geklärt, stand am ersten Jahrestag der Hochzeit überraschend erneut ein Gerichtsvollzieher vor der Tür. Im folgenden Streit drohte Herr Y damit, sich das Leben zu nehmen.

Die Sachverständige (SV) listet im Juli 2017 die Misshandlungen auf, die Frau X erlebt hatte – selbst mit dem Säugling auf ihrem Arm: »*die Nase zugehalten*«, »*Asthmaspray weggenommen*«, »*eingesperrt ohne Asthmamedikamente*«, »*gewürgt*«, »*öfter blaue Flecken*«, »*Platzwunde über dem Auge*«, »*einmal sei Blut aus dem Ohr gekommen*«, »*gegen die Wand geschubst, über den Flur geschubst*«, »*sie sei sogar kurz ohnmächtig gewesen*«, »*immer gegen die Wand gehauen, Kopf an den Haaren gezogen und damit gegen die Wand geschlagen*«. Nach einer erneuten brutalen Attacke mit gebrochener Hüfte und Nase, die später zu einer rechtskräftigen Verurteilung von Herrn Y führte, kam es zur Trennung und Scheidung.

All diese Dinge nimmt die SV in ihren Bericht auf. Trotzdem baut sie ihre Mutmaßungen über die »*Persönlichkeitsstruktur*« von Frau X ausdrücklich auf den Äußerungen des Ex-Mannes auf: »*Die Bezugnahme auf dessen Angaben sind im vorliegenden Fall jedoch in keinster Weise als Mittel einer einseitigen ›Diskreditierung‹ von Frau X misszuverstehen. Sie sind unabdingbar notwendig zum vertieften Verständnis wesentlicher Zusammenhänge, die sich nur aus Angaben wirklich naher Bezugspersonen ergeben. (…) Im vorliegenden Fall ist Herr Y der Einzige, der neben der Exploration durch die SV selbst Einblicke in die innere Psychodynamik der Paarbeziehung und deren Beschreibung ›intimer Lebensweise‹ geben kann.*«

Die Fragen der SV an Frau X zur Klärung des Beziehungskonflikts suggerieren, Frau X müsse daran maßgeblich beteiligt gewesen sein: »*Auf die Frage nach dem eigenen Anteil an der Konfliktentwicklung antwortet Frau X (…). Auf nochmaligen Hinweis der SV, dass dies nicht ausreichend ihre eigene Beteiligung an der Gesamtsituation beschreibe, meint sie (…). Auf wiederholten Hinweis der*

SV, die Problematik habe ja schon offenkundig mit ihrer Partnerwahl angefangen, und dies sei ja primär in ihrer eigenen Geschichte zu verorten, meint sie, (…).« Die Antworten von Frau X in diesem regelrechten Verhör sind so klar und nachvollziehbar wie unspektakulär: Sie habe leichtfertig einen Mann geheiratet, den sie nicht richtig gekannt habe. An dieser Beziehung habe sie – auch auf Zuraten ihres Umfelds – länger festgehalten, als gut gewesen sei. Sie wollte ihrem Kind eine Familie erhalten, die sie sich selbst sehr gewünscht habe. Das »Warum?« sei ihr selbst lange durch den Kopf gegangen. Frau X hatte sich dann aber doch – trotz oder vielleicht auch gerade wegen des Kindes – aus der unglücklichen Beziehung mit diesem gewalttätigen Mann getrennt – konsequent und schnellstmöglich, nach etwas mehr als einem Jahr.

Vollkommen verständnislos konstatiert die SV über Frau X: *»Sie ihrerseits kann seit Zs frühester Entwicklung nichts Positives mehr an Herrn Y beschreiben, und auch die Darstellung, unter welchen Bedingungen sie ihn kennengelernt habe, entbehrt rückblickend jeglicher ernsthafter Wertschätzung. Es zeigt sich ganz generell das Bild einer sog. ›primitiven Idealisierung und späteren Entwertung‹, wie sie einer bestimmten Persönlichkeitsstruktur als ›psychische Bewältigungs- und Abwehrstrategie‹ innewohnt. Insbesondere Frau X macht es Z allein hierdurch gänzlich unmöglich, den väterlichen Anteil in ihm selbst positiv zu besetzen.«* Nach massiven Gewalttaten des Herrn Y gegen das gemeinsame Kleinkind und ihre eigene Person betrachtet Frau X diesen Mann in einem anderen Licht. Na, so was! Ist das wirklich eine psychopathologische *»Abwehrstrategie«* – oder nicht doch eher eine gesunde, weil realistische Ent-Idealisierung?

Von etlichen Details im Privatleben der Mutter zeigt sich die SV *»irritiert«:* Da geht es zum Beispiel um die Größe des Bettes, aus der die SV schließt, dass der Sohn dort ab und zu eine Nacht verbracht hat. Ja, bestätigt die Mutter: unter anderem dann, wenn er krank war. Ferner berichtet die SV dem Gericht, dass sie auf *»irritierte Nachfrage«* erfahren habe, dass Frau X ihren Rechtsanwalt

geduzt habe. Ebenso führt die Auskunft, dass *»wir«* gerade das Arbeitszimmer streichen, zu einer *»irritierten Nachfrage«*, da der SV bislang nichts von einer neuen Partnerschaft der Frau X bekannt sei. *»Irritierte Nachfrage«*, als die SV von einer Fehlgeburt der Frau X im Jahr 2016 erfährt, und *»erneute irritierte Nachfrage der SVn, wie das alles für sie zusammenpasse – eine Schwangerschaft in dieser Situation (?) (…).«* Der Umstand, dass Frau X davon ausgeht, *»man könne verbal alle Probleme lösen«*, führt bei der SV zur nächsten *»irritierten Nachfrage«*. Und wenn Frau X erzählt, dass es in ihrer Herkunftsfamilie keine massiven Konflikte gegeben habe, dann fühlt sich die SV erneut aufgefordert, hier mit *»kritischer Infragestellung«* oder mit *»kritischem Hinweis«* zu reagieren.
Trotz kompetenter Gegengutachten und umfangreicher Einwände gegen die Qualifikation der Sachverständigen und ihre Ausführungen erklärte im Jahr 2017 ein deutsches Oberlandesgericht die vom Jugendamt veranlasste Inobhutnahme des Kindes (seit Dezember 2016) für rechtens. Mutter und Sohn leben seither voneinander getrennt. Dem Vater wurde am Ende das Sorgerecht zugesprochen. Der *Narzissmus* diente hier einmal mehr der Opferbeschuldigung – mit fatalen Folgen für die Betroffenen.

WÜTENDES KZ-OPFER? *SIE HABEN ALS SÄUGLING VERSAGT!*

Prof. Otto Friedemann Kernberg gilt als einer der berühmtesten Psychiater und Psychoanalytiker der Welt und als *Narzissmus*-Koryphäe. Seine Spezialität ist die Rückverfolgung von Störungen ins Säuglingsalter, in die Zeit des *»primären Narzissmus«*. Bei einer der größten Psychotherapie-Fortbildungen im deutschsprachigen Raum, den *Lindauer Psychotherapiewochen*, spricht er (1999) *»von einem Mann, der als einziger Überlebender seiner ganzen Familie als Kind im Alter von 12 Jahren* [O-Ton: *8 Jahren*] *aus dem Konzentrationslager befreit wurde, in dem seine ganze Familie vor seinen Augen ermordet wurde.«*

Wütendes KZ-Opfer? *Sie haben als Säugling versagt!*

Mit wenigen Worten leitet Kernberg zu dessen Auffälligkeiten im Erwachsenenalter über: Er sei *»ein absoluter Diktator seiner Familie«* gewesen, der *»seine Tochter in ihrer Kindheit sexuell vergewaltigt«* habe. Ebenso habe er *»verhindert, dass sich seine Söhne von ihm unabhängig machen konnten und seine Frau wie eine Sklavin behandelt«*. Kein Wunder, dass diese KZ-Erfahrungen das Seelenleben dieses Mannes und sein späteres Verhalten massiv geprägt und sein Leben überschattet hatten. Somit war auch die von ihm gegründete Familie schwer in Mitleidenschaft gezogen. Das ist keine Entschuldigung für sein Verhalten. Doch wäre es erforderlich, die brisante Dynamik einer solchen Entwicklung im Detail nachzuvollziehen. Damit hält sich Kernberg jedoch nicht auf. Sein Resümee: *»Ich übertreibe nicht, wenn ich meinen Eindruck wiedergebe, dass dieser Mann sich seiner Familie gegenüber so verhielt, als ob er der Kommandant des Konzentrationslagers sei, in dem seine ganze Familie ermordet wurde.«* Verhöhnt diese Äußerung nicht auf unerträgliche Art und Weise alle Menschen, die je eine solche Hölle mit schwersten seelischen Blessuren überlebt haben?

Die Problematik des geschilderten Mannes wird von Kernberg als *»chronische Aggression«* verstanden. Diese wiederum führt er auf die früheste Kindheit zurück: Sie entstehe nur dann, wenn sich ein Kind von der Mutter nicht ausreichend gestillt fühle und daraus *»orale Wut«* beziehungsweise *»oralen Neid«* entwickle. Unter dieser Prämisse hat der hier erwähnte Junge also seinen Hass bereits an der Mutterbrust entwickelt und ihn dann in das KZ mit hinein gebracht. Für Kernberg ist dies eine Störung aus der *»primärnarzisstischen Phase«* und damit eine *»narzisstische Pathologie«*. Als Junge von acht oder zwölf Jahren begegnet er dem sadistischen KZ-Kommandanten in puncto Hasserfülltheit praktisch auf Augenhöhe.

Gewalterfahrungen – neben KZ-Haft auch Folter und Vergewaltigung – werden von Kernberg brachial bagatellisiert. So behauptet er, dass sich die Nachwirkungen solcher Ereignisse nach zwei bis drei Jahren – unter der Einnahme angstlösender Medikamente und etwas Verhaltenstraining – quasi von selbst erledigt haben sollten.[10] Länger andauernde Störungen nach derartigen Traumatisierungen weisen dem *Narzissmus*-Experten zufolge – wie gezeigt – auf hartnäckige Deformationen aus der Säuglingszeit hin. Die Mutterbrust ist also – zumindest für die menschliche Entwicklung – ein weitaus gefährlicherer Ort, als es ein KZ je sein könnte.

SUIZID NACH MISSBRAUCH IN DER THERAPIE? *WIE LUSTIG!*

In demselben Vortrag berichtet Kernberg von einer Frau, die als Kind Opfer sexualisierter Gewalt geworden war. Kernberg diagnostiziert diese Frau als *»antisoziale Persönlichkeit«*, welche wiederum als die *»stärkste Form einer narzisstischen Pathologie« gilt.* In der Obhut von Kernbergs Klinik begann ein verheirateter Therapeut eine kurze Affäre mit ihr. Als er sie fallenließ, nahm sie sich das Leben. Während des Referats bringt Kernberg das Publikum, ein Plenum von über eintausend Fachleuten, zweimal zu herzhaftem Lachen. Es gehe um eine Frau, die (O-Ton, 1997) *»unter Inzest litt, dessen* [sic] *Vater sie sexuell missbrauchte, mit schweren Depressionen und Selbstmordversuchen, die ihren Therapeuten sexuell verführte. Sie rief ihn zu sich nach Hause unter Bedrohung schwerer* [sic] *Selbstmord* [sic], *empfing ihn im Negligé, und nur er konnte sie*

10 *»Auf das posttraumatische Stresssyndrom (PTSD), das weithin bekannt ist, möchte ich hier nur kurz eingehen (Davidson u. Foa 1993). Dieses akute Erscheinungsbild tritt in ähnlicher Form auf als Folge schwerer Traumen durch Konzentrationslager, Krieg, Unfälle, Vergewaltigung, Geiselnahme, Terror, politischen Terror, Folter und andere Formen schwerer körperlicher und sexueller Misshandlung, besonders in der frühen Kindheit und in den ersten 10 bis 15 Lebensjahren. Die klinischen Charakteristika dieses Syndroms, das 2 bis 3 Jahre lang anhalten kann, sind akute Angstzustände, Einschränkung der Ich-Funktionen, Wutausbrüche, wiederkehrende Alpträume und Flash-backs. (…) Bei der Behandlung dieses Syndroms steht eine Kombination von anxiolytischer* [angstlösender] *Medikation und supportiver* [unterstützender] *Psychotherapie mit einer stützenden und empathischen Einstellung des Therapeuten gegenüber dem Patienten im Vordergrund, verbunden mit dem Ermutigen, sich mit Situationen wieder auseinanderzusetzen, die aufgrund der Traumatisierung phobisch vermieden wurden.«* (Kernberg, 1999, S. 6)

Suizid nach Missbrauch in der Therapie? *Wie lustig!*

retten – ein junger Psychiater in Ausbildung mit schweren narzisstischen Problemen, und eh …« Unterbrechung durch explosives Gelächter im Publikum. Erheiterte Nachfrage von Kernberg: *»Ist das hier ungewöhnlich?«* Erneut schallendes Gelächter. *»Und ehm – äh – hahh – und äh, äh – der – nach – sie schrieb – sie hatte ein Tagebuch, und sie hatte auch eine homosexuelle Freundin, sie beging Selbstmord, sandte das Tagebuch mit einer genauen Beschreibung des sexuellen Verkehrs mit ihrem männlichen Therapeuten dieser homosexuellen Freundin, die dann ein Gerichtsverfahren gegen den Therapeuten und gegen unser Spital einleitete. Also, Sie sehen, wie sie im Tode sich noch rrr…* […ächte? K. S.], *wie sie Opfer und Täter zugleich wurde.«*

Die Tonaufnahme ist bis heute käuflich zu erwerben.[11] Meiner Ansicht nach handelt es sich hierbei um eine der schlimmsten Bankrott-Erklärungen psychotherapeutischen Verantwortungsbewusstseins. Diese Wirklichkeitsverdrehung, das Opfer eines sexualisierten Übergriffs in der Therapie zum quasi rachsüchtigen *»Täter«* zu erklären, wird zwei Jahre später, beim Abdruck des leicht überarbeiteten Vortrags in der von Kernberg mit herausgegebenen Fachzeitschrift *»Persönlichkeitsstörungen: Theorie und Therapie (PTT)«*, sogar zum Kernpunkt der Analyse: Die Fallgeschichte erscheint unter der Zwischenüberschrift *»Transformation des Opfers in einen Täter«*.

Das Ganze nennt sich Fortbildung – an einem der renommiertesten Orte des geistigen Austauschs, an dem sich alljährlich zur *»Lindauer Nobelpreisträgertagung«* NachwuchsforscherInnen mit NobelpreisträgerInnen treffen: in der Inselhalle von Lindau. Kernberg saß lange Jahre im Wissenschaftlichen Beirat der Lindauer Psychotherapiewochen, erst seit 2008 nicht mehr. Viele Jahre lang hatte ich anlässlich seiner Auftritte dort Veranstalter, Mitdozen-

11 Bestellbar unter https://shop.auditorium-netzwerk.de/detail/index/sArticle/6035. Auszugsweise nachzuhören in einem YouTube-Beitrag von mir ab Min. 18:28: http://www.youtube.com/watch?v=zPydDQZz2II.

tInnen, BürgermeisterInnen und StadträtInnen angeschrieben, von denen ich – bis auf ganz wenige Ausnahmen – keine Resonanz bekam.

SUIZID EINER DESTRUKTIVEN NARZISSTIN?

Sechs Jahre nach der Veröffentlichung von Kernbergs Suizidfall nehmen Gerhard Dammann und Benigna Gerisch offenbar das zitierte Beispiel zum Anlass, die Betroffene weiter zu diffamieren. Dabei legen sie ein Insider-Wissen an den Tag, von dem gänzlich unklar ist, wie sie es erlangt haben. Unter der Zwischenüberschrift: »*Destruktiver Narzissmus – ein Sonderfall*« heißt es: »*Eine 34jährige Patientin mit einer destruktiv narzisstischen Persönlichkeitsstörung begann wegen Leeregefühlen, zeitweiligem Alkoholabusus, Beziehungsproblemen mit ihrer lesbischen Freundin und rezidivierenden suizidalen Phasen eine tiefenpsychologisch fundierte Psychotherapie. Nach bereits kurzer Zeit ging es ihr, ihrem Gefühl nach, viel besser, und sie setzte sich zum Ziel, mit ihrem Psychotherapeuten eine Affäre zu beginnen. Seine offensichtliche Unkorrumpierbarkeit, seine intakt erscheinenden Familienverhältnisse und die Tatsache, dass er für sie wie nicht erreichbar schien, reizten sie und ihren Neid dabei besonders. Bald sah sie nur noch in diesem Ziel, ihn zu gewinnen, den einzigen Grund, in die Therapiestunden zu kommen.*« Der Klientin wird unterstellt, sie sei nur in die Therapie gekommen, um den Therapeuten »*zu gewinnen*«. Die AutorInnen erläutern nicht, wie sie zu ihren Einsichten in die inneren Prozesse der Betroffenen gekommen sind. Zudem fehlen biografische Angaben, wonach sie – Kernberg zufolge – bereits als Kind sexualisierte Gewalt erlebt hatte.

»*Die Patientin unternahm relativ drastische und eindeutige Anstrengungen, um den Therapeuten zu verführen, bis ihr dieses schließlich auch gelang. (…) Allerdings beendete der Therapeut bereits nach kurzer Zeit die Beziehung zu ihr, aus Angst davor, seinen familiären Rückhalt zu verlieren, aber auch infolge eigener ethischer Bedenken, nachdem er bereits zuvor die Therapie beendet hatte. Die Patientin geriet daraufhin in eine schwere Krise, fühlte sich verraten, weggeworfen und von ihrem Therapeuten missbraucht. Sie unternahm dringliche Versuche, ihn als Liebhaber oder zumindest als Therapeut zurückzugewinnen. Nachdem diese Versuche nicht fruchteten, tyrannisierte sie ihn mit Telefonterror. Schließlich suizidierte sie sich und hinterließ einen Abschiedsbrief an ihre geschockte Freundin, aus dem hervorging, dass sie von ihrem Therapeuten sexuell missbraucht worden sei, was sie dadurch belegte, dass sie dem Schreiben den einzigen Liebesbrief, den sie von dem Psychotherapeuten erhalten hatte, beilegte.«* Dem Therapeuten werden hier recht schnell »*ethische Bedenken*« und »*offensichtliche Unkorrumpierbarkeit*« attestiert. Immerhin wird noch konstatiert, dass sich die Klientin am Ende »*verraten, weggeworfen und von ihrem Therapeuten missbraucht*« gefühlt hatte.

In ihrer Fallanalyse schreiben Dammann und Gerisch: »*Dieser von Otto F. Kernberg beschriebenen Patientin war es offensichtlich unerträglich, die unabhängige Existenz des Analytikers und die eigene bedürftige Abhängigkeit von ihm anerkennen zu müssen, was sich in dem intensiven Neid zeigt. Statt sich damit auseinanderzusetzen, suchte sie jedoch im Agieren Bestätigung, wobei der Therapeut sich auf eine dramatische, skandalöse und suizidbegünstigende Art und Weise mit der Patientin verstrickt hatte, eine Gefahr, die gerade bei diesen Patienten besonders groß ist. Der Suizid ist hier Ausdruck des destruktiven Hasses gegen andere und gegen sich selbst.*«

In dem Absatz, der dieser Darstellung vorausgeht, beziehen sich die AutorInnen auf Kernberg (1984). Dort ist jedoch kein einziges Fallbeispiel zu finden, das von einem solchen Suizid und seinen Begleitumständen berichtet. Auch in zwei anderen Kernberg-Werken, auf die sich die AutorInnen beziehen, ist eine entsprechende Falldarstellung nicht zu finden. Jedoch sind die Parallelen zu dem von Kernberg 1997 und 1999 vorgetragenen Beispiel – von Dammann und Gerisch *nicht* zitiert – unübersehbar. Dort wird die Geschichte jedoch nicht annähernd so detailreich beschrieben, wie bei Dammann und Gerisch. Haben die AutorInnen die Klientin persönlich gekannt? Welches Quellenmaterial stand ihnen zur Verfügung? Wir wissen es nicht. Klar ist nur, dass sie – wie Kernberg – geneigt sind, eine Frau zu diffamieren und zu verhöhnen, die sich nach einer krassen psychotherapeutischen Fehlbehandlung das Leben genommen hat. Auch hier bewährt sich der Begriff *Narzissmus* dabei, der Betroffenen jegliche Verantwortung für ein Geschehen zuzuschieben, in das ein übelster Therapeutenfehler zumindest mit hineingespielt hat.

KEIN FALL FÜR EINEN ETHIKVEREIN!

Im Internet wurde 2016 ein Vortrag des Psychoanalytikers Dr. A zum Thema »*Macht und Machtmissbrauch in der Psychotherapie*« angekündigt. Dr. A ist Vorstandsmitglied in einem Ethikverein. Der Verein wirbt bei Fachleuten um Mitgliedschaft mit der Aussicht, »*die fachprofessionelle und wissenschaftliche Diskussion über Ethik in der Psychotherapie und Fehlerkultur mitzugestalten.*« Das Beratungsangebot des Ethikvereins, das in der Einladung zu dem Vortrag als »*professionell und methoden- und verfahrensübergreifend*« beschrieben wird, richtet sich an Menschen, die sich in ihrer Psychotherapie schlecht behandelt fühlen.

Diesen Vortrag wollte ich nun zum Anlass nehmen, um den Umgang mit der als *pathologischer Narzisstin* abgestempelten oben erwähnten Frau zur Diskussion zu stellen. Material zu meinen Positionen stellte ich über Links zu Artikeln aus der »*Sexuologie*« (2011) und der »*psychoneuro*« (2007) sowie dem Aufruf zur Einführung eines »*Runden Tisches Psychotherapie-Opfer*« (2009) zur Verfügung. Darin untersuche ich diverse Beispiele von Machtmissbrauch in der Psychotherapie und die daraus resultierenden Schäden für die Betroffenen. In dem entsprechenden Anschreiben verband ich meinen Diskussionsbeitrag »*mit der Hoffnung, dass sich damit vielleicht eine längerfristige Kooperation mit Ihnen ergeben könnte*«.

Auf mein Schreiben hin erhielt ich eine rüde Abfuhr eben jenes Herrn Dr. A – unter anderem gespickt mit dem Vorwurf, ich würde *»mit dem Prügel wild und völlig undifferenziert auf die Psychoanalyse einschlagen«*. Am selben Tag bat ich Herrn Dr. A erneut um eine Stellungnahme zu dem konkreten Fallbeispiel, zu dem er sich noch mit keiner Silbe geäußert hatte. *»Deshalb weiterhin mein Angebot: Lassen Sie uns doch in Bezug auf eine Bekämpfung von Machtmissbrauch in der Psychotherapie zusammenarbeiten.«* Darauf erhielt ich keine Antwort mehr.

Einige Tage später schrieb ich die übrigen Mitglieder des Ethikvereins, die Mitglieder von dessen wissenschaftlichem Beirat sowie sogenannte Kooperationspartner an und machte sie auf die Angelegenheit aufmerksam. Meine Frage: *»Sehen Sie eine Möglichkeit,* Dr. A *zu einem etwas ernsthafteren Umgehen mit ethischen Fragen zu Macht und Machtmissbrauch in der Psychotherapie zu motivieren? Sehen Sie eine Möglichkeit, mein Anliegen aufzugreifen und zu unterstützen?«*

In der Antwort der Vorsitzenden Frau Dr. B heißt es: *»Der Ethikverein, für den ich hier als Vorsitzende im Namen aller spreche, hat sich in seiner letzten Sitzung mit Ihrem Anliegen eingehend auseinandergesetzt.«* Keine Erläuterung dazu, wie diese Auseinandersetzung ausgesehen hat. Aber gleich im nächsten Satz folgt das Ergebnis: *»Wir sind einstimmig zu der Auffassung gelangt, dass wir eine nähere Kooperation nicht eingehen möchten.«* Darauf antwortete ich noch: *»Für einen Ethikverein ist das wohl eher dürftig. Wäre es nicht besser, Sie lösten sich auf?«* Zudem kündigte ich an, in Zukunft auf das offensichtliche Desinteresse dieses Ethikvereins an ethischer Thematik im Umfeld von Psychotherapie hinzuweisen.

SOLIDARITÄT PSYCHOTHERAPEUTISCHER FACHVERBÄNDE

Herr Dr. A vertrat 2016 den Ethikverein in einem institutionalisierten Verbändetreffen gegen Grenzverletzungen und sexuellen Missbrauch in Psychotherapie und psychosozialer Beratung. Ver-

treterInnen entsprechender Berufs- und Fachverbände – im Jahr 2016 immerhin siebzehn an der Zahl – tauschen sich bei diesen halbjährlichen Treffen zum Thema aus. Auch der Ethikverein ist in diesem Gremium vertreten, wie erwähnt durch Dr. A. Die Vorsitzende des Ethikvereins, Frau Dr. B, sitzt als Vertreterin eines weiteren Verbandes ebenfalls in diesem Verbändetreffen.
Per E-Mail wandte ich mich an die RepräsentantInnen der einzelnen Fachverbände und verwies neben anderen Fällen auf das oben genannte Fallbeispiel, das zum Suizid der Patientin geführt hatte. Die Angeschriebenen zeigten sich zum Teil entsetzt darüber. Von dieser Auseinandersetzung berichtete ich der »*Gesellschaft für Ethik in der Psychiatrie*« (GEP), in deren Vorstand ich damals noch saß. Von Seiten der GEP wollte man mich offiziell als deren Vertreter zu dem Verbändetreffen entsenden. Dessen Mitglieder schrieb ich erneut an und unterbreitete Vorschläge für weitere Aktivitäten, zum Beispiel die Erstellung und Veröffentlichung *»einer ›roten Liste‹ psychologisch-psychotherapeutischer ›Fachpublikationen‹, in denen in unangemessener und schädlicher Weise ›Grenzverletzung‹ bzw. ›(sexualisierte) Gewalt‹ behandelt wird. Kriterien für eine Aufnahme in diese ›rote Liste‹ könnten sein: Propagieren oder Bagatellisieren von grenzverletzendem Therapeutenverhalten; Beschuldigen von Betroffenen bzw. unangemessenes Fokussieren auf deren ›eigenen Anteil‹; Verharmlosen sexualisierter Übergriffe (z. B. Eltern-Kind-Inzest, Vergewaltigung) (…). Gegen indizierte Darstellungen könnte das Verbändetreffen ausdrücklich Position beziehen.«*
Kurz darauf lehnte es Frau C als Sprecherin des Verbändetreffens ab, mich als Vertreter der GEP dorthin einzuladen und mein Anliegen persönlich vortragen zu lassen. Mir komme zwar »*das Verdienst zu, uns auf drei kritisch zu beurteilende Äußerungen von Psychoanalytikern aufmerksam gemacht zu haben, was uns auch zu besonderer Wachsamkeit für die Zukunft sensibilisiert hat.*« Dennoch seien meine »*– einzeln korrekte – Ausführungen z. B. in den Briefen der letzten Wochen pauschal gehalten und dahingehend*

unausgewogen, dass sie widersprechende andere, sehr verbreitete psychoanalytische Positionen völlig verschweigen. Eine solche Haltung ist an sich – selbst wenn von guten Absichten getragen – in kollegialer Hinsicht ethisch fragwürdig und nicht geeignet, eine sachliche Debatte zu ermöglichen.« Mit keinem einzigen Satz belegt Frau C *»widersprechende andere, sehr verbreitete psychoanalytische Positionen«*. Kein einziges konkretes Zitat, keine einzige Literaturstelle. Ich habe auch noch *nie* je *eine einzige* veröffentlichte unmissverständliche Kritik von PsychoanalytikerInnen an den 1997/99 vorgetragenen und publizierten Fallbeispielen des angeblichen *Narzissmus*-Experten Kernberg wahrgenommen.
Wenige Tage später äußerte Herr Dr. A in einem Schreiben an die Psychotherapeutenkammer des Saarlandes die Bitte, ein *»berufsrechtliches Verfahren«* gegen mich einzuleiten, weil sich ihm *»die Frage stellt«*, ob ich *»zur Ausübung des Approbationsberufes eines Psychologischen Psychotherapeuten ausreichend geeignet«* sei. *»Herr Schlagmann hat sich in der Folge an verschiedene Institutionen im Bereich Ethik gewandt, Zitate aus meiner privaten Mail verwendet und dabei mich (…) in ein völlig unangemessenes Bild gerückt.«* Ich berichtete der Kammer ausführlich von dem Geschehen, die daraufhin alle Anschuldigungen gegen mich zurückwies.

EIN VIERTELJAHRHUNDERT OPFER-BESCHULDIGUNGS-KRITIK

Seit einem Vierteljahrhundert stelle ich in Tausenden E-Mails und Briefen sowie Fachartikeln und Beiträgen Freuds und Kernbergs Thesen zur Debatte. Wenn überhaupt, dann erhielt ich eher floskelhafte Antworten: Ich hätte wohl meine eigene Problematik nicht aufgearbeitet. Von Therapie verstünde ich offenbar nichts. Meine Kritik sei antisemitisch motiviert. Auf meiner Webseite sind viele Reaktionen im Wortlaut nachzulesen.
Rückhaltlosen Zuspruch habe ich über die Jahre von Dörte v. Drigalski erhalten. Ansonsten reagierten meine KollegInnen auf meine warnenden Hinweise eher mit einem Achselzucken. Kaum

ein Anzeichen, sich dauerhaft mit dem Inhalt der Kritik auseinanderzusetzen und darin einzustimmen, obwohl mit dem psychoanalytisch geprägten Begriff *Narzissmus* systematische Opferbeschuldigung betrieben und seit über einhundert Jahren schwerer Schaden angerichtet wird.

Kernberg kommt das – unfreiwillige – Verdienst zu, die ganze Fragwürdigkeit der psychoanalytischen Theorie in einem einzigen Aufsatz von circa zehn Seiten gebündelt zu haben. Mir scheint deutlich, dass sein Vortrag in Lindau von 1997 seinem Fachpublikum suggestiv die alte Freudsche Opferbeschuldigungs-These, zugespitzt im 1897 erfundenen Ödipuskomplex, quasi zu dessen 100. Geburtstag erneut unterjubeln sollte – mit allen erdenklichen rhetorischen Tricks. Diesem ungeheuerlichen Manipulationsversuch möchte ich hier einmal mehr meine Stellungnahme entgegensetzen.

Dass gerade auch der sogenannte Ödipuskomplex der systematischen Verwirrung und Opferbeschuldigung dient, habe ich an anderer Stelle vertieft (vgl. Schlagmann, 2005, 2010, 2020 b).

ZUM SCHLUSS

Ein gutes Mittel, gesunden Menschenverstand zu erlangen,
ist ein beständiges Bestreben nach deutlichen Begriffen,
und zwar nicht bloß aus Beschreibungen anderer,
sondern so viel [wie] *möglich durch eigenes Anschauen.*
Man muss die Sachen oft in der Absicht ansehen,
etwas daran zu finden, was andere noch nicht gesehen haben;
von jedem Wort muss man sich wenigstens einmal
eine Erklärung gemacht haben,
und keines brauchen, das man nicht versteht.

Georg Christoph Lichtenberg (1742–1799), deutscher Physiker
(in: Sudelbuch G, 1779–1788, 206)

Verschwommenheit und Unverständlichkeit machen Fremdwörter
zu den gegebenen Werkzeugen des Schwindels.
Wer in schlichter deutscher Sprache schreibt,
kann nur schwer einen rechten Schwindel machen;
man kann meist erkennen, was er gesagt hat.

Erhard Weigel (1625–1699), deutscher Mathematiker, Pädagoge und Philosoph
(Leider konnte ich keine Quellenangabe für dieses schöne Zitat finden.)

Zu dem letzten Zitat möchte ich ergänzen:
Dasselbe gilt nicht nur für Fremdwörter,
sondern auch für unklare Begriffe.
Und mit denen wird mehr als geschwindelt … (K. S.)

AUSBLICK IN DIE ZUKUNFT: ZUR EINFÜHRUNG DES BONDISMUS

Wir befinden uns im Jahr 4021. Stellen Sie sich bitte vor, dass vor gut einhundert Jahren jemand auf die Idee gekommen wäre, anhand von ein paar ihm bekannten Bruchstücken der Geschichte von James Bond diese fiktive Figur zum Paraderepräsentanten eines spezifischen Verhaltensmusters zu erklären. Er wusste, dass James bestimmte Getränke besonders schätzte, dass er häufig mit Terror und Weltherrschaft zu tun hatte, keine dauerhaften Beziehungen zum anderen Geschlecht einzugehen vermochte und immer wieder engeren Körperkontakt mit muskulösen Männern hatte. Dieser Jemand hätte nun in seiner Abhandlung »Zur Einführung des Bondismus« (3914)[12] einen bestimmten Symptomkomplex nach diesem Bond bezeichnet, zum Beispiel das Streben nach Dominanz und Weltherrschaft. Sogenannten *Bondisten*, so unser Jemand, sei dazu jedes Mittel recht, sogar erpresserische Terrorakte. Im Privatleben zeichneten sie sich durch Homosexualität und einen hohen Milchkonsum aus.

Jemand dürfte in seiner Abhandlung natürlich nicht allzu viel von der Geschichte des James Bond preisgeben. Er müsste Details verschweigen oder verschleiern und sich auf vage Andeutungen beschränken. Und nun stellen Sie sich vor, Jemand hätte es geschafft, dass sich der Begriff *Bondist* beziehungsweise *bondistische Persönlichkeit* nach und nach weltweit eingebürgert und über mehr als 100 Jahre eingeschliffen hätte. Mittlerweile unterschieden die *Bondismus*-ExpertInnen zwischen gesundem und krankhaftem *Bondismus. Bondistische Persönlichkeit* stünde ganz offiziell im Katalog psychiatrischer Störungen. *Primärer Bondismus* gälte in Fachkreisen als gelungene Umschreibung der Säuglingszeit. Der Begriff *Bondismus* begegnete Ihnen in Talk-Shows,

12 In Anspielung auf die 2.000 Jahre zuvor erschienene Abhandlung »*Zur Einführung des Narzissmus*« von Freud, in der dieser seinerseits auf einen ca. 2.000 Jahre alten Mythos zurückgreift.

Feuilletons, Ratgebern, Wissenschaftssendungen und Fachbüchern. Sie selbst hätten ihn während Ihrer Schulzeit, Ihrer Ausbildung, Ihres (Sozial-)Pädagogik-, Soziologie-, Psychologie-, Medizin- oder Germanistikstudiums relativ arglos übernommen, weil Sie sich auf die vage Definition verlassen hätten, ohne das Konstrukt genau zu durchschauen. Eines Tages wäre Ihnen jedoch eine circa zweitausend Jahre alte Video-Datenbank in die Hände gefallen, in der Sie eine Sammlung digitalisierter Bond-Filme des späten 20. und frühen 21. Jahrhunderts entdeckt hätten. Als kritischem Geist, der des Öfteren mit dem Begriff *Bondismus* zu tun gehabt hätte, klappte Ihnen vermutlich die Kinnlade ziemlich weit nach unten. Und unwillkürlich würden Sie sich wohl die Frage stellen, wie es bloß zu dieser widersinnigen Begriffsbildung kommen konnte.

So erging es mir, als ich mich 1996 erstmals näher mit der namensgebenden Gestalt für den Begriff *Narzissmus* beschäftigte. Während meines Studiums wäre ich nie auf die Idee gekommen, ihn kritisch zu hinterfragen. Dazu wurden wir natürlich auch in keiner einzigen Vorlesung angeregt.

Glauben Sie ja nicht, dass es nun ein Leichtes wäre, in die Welt zu gehen und zu sagen: »Hey, Leute, schaut mal her! Habt ihr schon gewusst? Der James Bond, nach dem der *Bondismus* benannt wurde, war jemand ganz anderes! Der hat mit Terrorismus, Weltherrschaft, Milchtrinken und Homosexualität höchstens insofern zu tun, als er so ziemlich das genaue Gegenteil davon verkörpert!« Sie würden vermutlich feststellen, dass Ihnen niemand so recht zuhört, geschweige denn antwortet, womöglich aus Sorge, sich selbst gar nicht gut genug mit der Materie auszukennen, um mitreden zu können. Außerdem, so würde Ihnen entgegengehalten, hätten das doch längst renommierte Fachleute richtiggestellt, wenn an Ihrer Behauptung wirklich etwas dran wäre. Vielmehr hätten etliche AnhängerInnen des Konzepts *Bondismus* bereits einzelne Bond-Episoden re-analysiert und dabei genau die behaupteten Eigenschaften – Streben nach Dominanz und Weltherrschaft, Terror-Management, Homosexualität und starken Milchverbrauch – bestätigt gefunden. Vielleicht versuchten auch einige Wohlmeinende, Sie dadurch zu beschwichtigen, dass sich der Begriff nun einmal eingebürgert habe und dass es deshalb letztlich egal sei, wer dieser Bond eigentlich gewesen sei. Es handle sich eh nur um eine fiktive Gestalt. Immerhin wisse doch heute jede und jeder, was unter *Bondismus* zu verstehen sei.

All Ihre Bemühungen, auf diesen fundamentalen Widerspruch zwischen dem fiktiven James Bond und dem daraus abgeleiteten Begriff hinzuweisen, liefen also ins Leere. Und während sogar Bond-Filme in ganzer Länge ausgestrahlt würden, umkreisten gleichzeitig ExpertInnen in wortreichen Ausführungen unwidersprochen die Elemente des Bondismus-Konzepts, die sein Urheber in einer bahnbrechenden Abhandlung herausgearbeitet habe. Und Sie würden begreifen, dass, wie bei des Kaisers neuen Kleidern, den meisten Menschen – allen voran zahlreichen VertreterInnen einer sogenannten Wissenschaft – die verrücktesten, widersinnigsten Dinge eingeredet werden können.

Und Sie müssten sich größte Sorgen machen, wohin eine Menschheit in einem solchen Zustand von Verwirrung wohl noch abzudriften vermag.

SELBSTWERTSTÖRUNGEN UND IHRE HEILUNG

Keineswegs leugne ich die Existenz jener problematischen Verhaltensmuster, die bislang unter dem Begriff *narzisstisch* zusammengefasst sind. Oftmals bestehen sie in einem rücksichtslosen Geltungsdrang sowie in Kontroll- und Machtansprüchen. Ihr Ursprung liegt meist in einer massiven Verunsicherung, also einer Selbstwertstörung. Fraglos kann aus Selbstwertstörungen auch hervorgehen, dass sich Menschen klein und unwert vorkommen, sich mit (irrationalen) Schuldgefühlen beladen und ständig von Zweifeln geplagt sind. Es macht keinen Sinn, all diese Phänomene unter einen so ausufernden und unbestimmten Begriff wie *Narzissmus* zu fassen. Diejenigen, die an diesen problematischen

Verhaltensweisen wissenschaftlich arbeiten, sollten stattdessen möglichst konkret die Einzelprobleme beschreiben und benennen. So kann viel eher sichergestellt werden, dass diejenigen, die von etwas reden oder schreiben, auch selbst wissen, was sie meinen. Und diejenigen, die etwas hören oder lesen, verstehen dann mit größerer Wahrscheinlichkeit das, was tatsächlich gemeint ist. Ein solches Spektrum von Verhaltensweisen – ob Größen- oder Kleinheitswahn – unter dem Oberbegriff Selbstwertstörung zusammenzufassen, soll verdeutlichen, dass es sich hier um das Ergebnis einer Entwicklung handelt, die *von außen* – einer Störung – angestoßen ist.

Kein Mensch ist ein Narzisst

Claas-Hinrich Lammers sagt im Jahr 2017: »*Ich würde mir für den Narzissmus-Begriff genau das wünschen, was mit der Hysterie passiert ist: seine Abschaffung und Zerlegung in verschiedene psychopathologische Probleme.*« Und in »*Bin ich ein Narzisst? Oder einfach nur selbstbewusst?*« (2019) (verfasst mit Gunnar Eismann) ist ein Unterkapitel der Einleitung überschrieben mit: »*Es gibt eigentlich keinen Narzissmus*« und: »*Kein Mensch ist ein Narzisst*«. Hier kann ich nur voll und ganz zustimmen. Leider waren die Autoren nicht so konsequent, tatsächlich auf diesen Begriff zu verzichten und ihn beispielsweise durch »*Selbstwertstörung*« zu ersetzen.

Das Klientel meiner Praxis

In meine Praxis kommen – etwas überspitzt ausgedrückt – in aller Regel gerade nicht diejenigen, die eine Therapie wirklich nötig haben. Zur Einführung sage ich meist: »Aus meiner Sicht haben wir es bei der Menschheit zu 95 Prozent mit Verrückten zu tun. Und in meine Praxis kommen eigentlich immer nur Menschen aus der Gruppe der 5 Prozent Gesunden, die an den Verrücktheiten der anderen leiden. Sie leiden, weil sie sich ihre Sensibilität bewahrt haben und sich weigern, an Schikane, Unterdrückung, Entwertung, Ausbeutung, Betrug und so weiter teilzunehmen.

Aus dieser massiven Spannung entwickeln sich psychosomatische Reaktionen. Typische Symptome sind die sogenannten Ängste und Depressionen.«

Das »*wahre Selbst*«

Wir alle bekommen bei unserer Geburt ein gesundes Selbstwertgefühl mit auf den Weg, das *»wahre Selbst«*. Unsere eigenen Bedürfnisse sind Richtschnur unseres Handelns. Wenn es einem Baby gut geht, dann lächelt es und ist entspannt. Und es denkt nicht etwa: »Ach Gott, die Mama schläft! Ich darf sie jetzt nicht stören!« Wenn es dem Baby schlecht geht, dann schreit es eben. Dieser gesunde Hang zur Selbstfürsorge lässt sich jedoch irritieren. Er kann überdeckt werden durch Prägungen und Erziehungserfahrungen, gesammelt im Kontakt mit der Umwelt: Wir lernen, was man tun muss oder auf gar keinen Fall tun darf. So entwickelt sich ein *»falsches Selbst«*, das das *»wahre Selbst«* überlagern kann. Meine Aufgabe als Psychotherapeut besteht in der Regel darin, mit den Menschen, die zu mir kommen, ihre alten Selbstwertstörungen aufzuarbeiten und daran mitzuwirken, dass sie diese möglichst schnell überwinden. Wenn die Betroffenen zu ihrem ursprünglichen Selbstwertgefühl zurückgefunden haben, dann ist es für sie in der Regel ein Leichtes, sich gegen weitere Unterdrückung, Entwertung oder Missachtung zur Wehr zu setzen.

»*Psych-Analyse*« nach Josef Breuer

Josef Breuer war ein kluger und sensibler Wiener Arzt. Von 1880 bis 1882 hatte er am Fall der Bertha Pappenheim ein Therapiemodell entwickelt, das er selbst *Psych-Analyse* nannte. Er hatte erkannt, dass markante Erlebnisse, die die emotionale Bewältigungsfähigkeit übersteigen, zur Entwicklung psychischer und psychosomatischer Symptome führen. Ob es sich dabei um schicksalshafte Verluste, Unfälle und Krankheiten handelt, um falsche Erziehung, Unterdrückung, ideologische und religiöse Dogmen oder sonstige Formen physischer, psychischer oder struktureller Gewalt: Breuers Modell beinhaltet im Kern die Aufforderung, solche Gewalterfahrungen im Interesse der psychischen und psychosomatischen Gesundheit der Menschheit so weit wie möglich zu überwinden und so gut wie möglich auszugleichen. Seiner Patientin half Breuer, zu den mehr oder weniger verdrängten traumatischen Ursprüngen ihrer Symptome zurückzukehren. Er unterstützte sie dabei, ihre eigentlichen, gesunden Impulse und Ansprüche, die mit diesen konkreten Situationen verbunden waren, innerlich erstmals vollständig und ungehemmt zu *erleben* und *zum Ausdruck zu bringen.*

WARUM SCHWEIGEN DIE LÄMMER?

Breuers Therapie-Modell hatte keine Chance, sich durchzusetzen. Denn seit der Antike liegt die eigentliche Macht stets in den Händen weniger Menschen. Sie streben danach, diese Macht aufrechtzuerhalten. Hierbei ist ständig Gewalt in irgendeiner Form im Spiel. Es liegt also im Interesse der Mächtigen, dass Gewalt *nicht* geächtet wird, dass der Hungertod von Millionen von Menschen, deren unwürdige Lebens- und Arbeitsbedingungen, die Ausbeutung und Zerstörung von Natur und Umwelt in riesigem Ausmaß, völkerrechtswidrig geführte Kriege und inszenierter Terror von der großen Masse der Menschheit klaglos hingenommen werden. Rainer Mausfeld zeigt auf, dass seit über einhundert Jahren zahlreiche sozialwissenschaftliche ExpertInnen im Dienst der Mächtigen stehen und wirksame Mechanismen der Massenmanipulation betreiben. Über die Medien wird die Menschheit systematisch verwirrt, desinformiert, ideologisch geprägt, eingeschüchtert und gelenkt.

Als Kernideologie, die das brutale Weltgeschehen gegen Kritik und Widerstand absichert, identifiziert Mausfeld den sogenannten *Neoliberalismus.* Dieser fordert, dass sich staatliche Instanzen möglichst aller Regulationen enthalten. Mit der Botschaft, dass die Menschen *frei* sein sollten, wird staatliche Einmischung beispielsweise in Bezug auf wirtschaftliches Handeln radikal abgelehnt. Wir alle hätten auf diese Weise dieselben Möglichkeiten.

Eigenverantwortung

Auf dieser ideologischen Grundlage lässt sich behaupten, dass diejenigen, die in unvorteilhaften Lebenssituationen stecken, nicht genug dafür getan haben, ihrer Situation zu entkommen. Sie sind selbst schuld.

In diesen ideologischen Rahmen passt vorzüglich, dass psychologische Theorien, wie gezeigt, bereits seit über hundert Jahren propagieren, dass wir Menschen die Weichen für unser Glück selbst stellen – und zwar im Säuglings- und Kleinkindalter. Gerade in dieser Zeit müssten wir auf das Gelingen unserer persönlichen Entwicklung achten. Als Erwachsene hätten wir die Konsequenzen unseres frühen Versagens zu tragen. Ausgeblendet wird dabei, wie unmittelbar Belastungen aus frühen und aktuellen Lebensbedingungen mehr oder weniger massiv unsere Entfaltungsmöglichkeiten bestimmen können. Der Neoliberalismus leugnet jedoch geradezu, dass es krankmachende Lebensbedingungen gibt. Damit wird jeglicher Anspruch in Abrede gestellt, von der Gesellschaft vor ungünstigen Erziehungs- und Sozialisationsbedingungen geschützt zu werden.

Benefit für die Mächtigen der Welt

Ein solches Konzept erleichtert den Mächtigen dieser Welt das Herrschen enorm. All die Opfer ihrer Unterdrückung, Ausgrenzung oder Ausbeutung werden – geradezu zwangsläufig – mehr oder weniger an psychischen und psychosomatischen Symptomen leiden. Mit dem Segen der psychotherapeutischen *Wissenschaft* werden die Betroffenen jedoch mit einem »*Selbst schuld!*« auf sich zurückgeworfen. In entsprechenden »Therapien« wird sehr rasch und so gut wie ausschließlich nach dem »*eigenen Anteil*« gefragt. Diejenigen, die an den Folgen von Schicksal und Gewalt leiden, jedoch die Verantwortung für die eigene Situation selbst aufgebürdet bekommen, müssen nun erst recht krank werden. Sie werden sich noch ohnmächtiger, noch hilfloser, noch unverstandener fühlen.

Selbstverständlich gibt es auch eine Eigenverantwortung, die ein Mensch zu übernehmen hat. Hier habe ich jedoch – mit konkreten Beispielen – eine Art von Opferbeschuldigung kritisiert, wie sie in sogenannten Therapien immer wieder vorkommt und auch theoretisch entsprechend propagiert wird. Sie verkörpert für mich den *»Neoliberalismus der Psychosomatik«*.

Damit sich – im Gegenteil – Machtpolitik ungeniert und hemmungslos entfalten könne, werde, so Mausfeld, eine *»moralische Apathie«* mittels kollektiver Hypnose kultiviert: *»Das wichtigste Medium für eine solche kollektive Hypnose ist die Sprache. Wer die Sprache beherrscht, also die Begrifflichkeiten und Kategorien, in denen wir über gesellschaftlich-politische* [und, so würde ich ergänzen, psychische] *Phänomene sprechen, hat wenig Mühe, auch uns zu beherrschen. ›Mit Hilfe der Sprache hält man das Denken in Schach.‹«* Der letzte Satz ist dabei ein Zitat aus der Rede Harold Pinters anlässlich der Verleihung des Literaturnobelpreises im Jahr 2005.

Edward Bernays – ein Papst der Manipulation

In Mausfelds Analyse taucht wiederholt der Freud-Neffe Edward Bernays auf. Dieser übertüncht 1928 das unschöne Wort *»Propaganda«* mit *»Public Relations«* – abgekürzt *»PR«*. In den einleitenden Sätzen seiner Abhandlung heißt es: *»Die bewusste und intelligente Manipulation der Verhaltensweisen und Einstellungen der Massen ist ein wesentlicher Bestandteil demokratischer Gesellschaften. Organisationen, die im Verborgenen arbeiten, lenken die gesellschaftlichen Abläufe. Sie sind die eigentlichen Regierungen in unserem Land.«* Das sagt Bernays über die USA, die vielen als das *»Mutterland der Demokratie«* gilt. Und Mausfeld fügt hinzu: *»Wir müssen uns klarmachen, dass die von Bernays beschriebene Situation nicht ein Ziel war, sondern bereits der Ist-Zustand der damaligen Zeit – diese Situation hat sich seitdem noch beträchtlich verschärft.«* Bernays war darauf spezialisiert, für die Interessen der Mächtigen der Welt die öffentliche Meinung zu manipulieren. So initiierte er eine erfolgreiche Kampagne, um Frauen das Rauchen schmackhaft zu machen – und steigerte damit drastisch den Umsatz der Tabak-Industrie. Er half maßgeblich mit, das US-amerikanische Volk für den Eintritt in den Ersten Weltkrieg zu gewinnen. Und er stand als Berater zur Verfügung, als 1954 von Seiten der USA die demokratisch gewählte Regierung von Guatemala gestürzt wurde.

Pervertierung von Breuers *»Psych-Analyse«*

Bernays und sein Onkel sind gewissermaßen in derselben Mission unterwegs. Auch Freud und sein Kreis arbeiten an der Manipulation und Konfusion der Menschheit. Freuds großer Einsatz beginnt, als er dem warmherzigen und klugen Breuer Stück für Stück sein revolutionäres Therapiemodell, die *»Psych-Analyse«*, entwindet und daraus seine neoliberale, opferbeschuldigende *»Psychoanalyse«* schöpft. Wie es genau hierzu kommt, habe ich 2005 im Detail beschrieben. Seine Opfer-Täter-Umkehr exerziert Freud 1897 zunächst anhand eines anderen griechischen Mythos durch – anhand des Dramas von *»König Ödipus«*. Auch hier stellt Freud den Inhalt einer grandiosen Erzählung, die in wichtigen Aspekten ihrer Dynamik bis heute meist unverstanden ist (Schlagmann, 2020 b), unbekümmert auf den Kopf – wie dann wenige Jahre später auch bei der Erzählung von *Narziss*.

Den harmlos klingenden Begriff *Narzissmus* haben sich die Psychoanalytiker der ersten Stunde schon früh gänzlich einverleibt. Damit lässt sich, wie die Fallbeispiele zeigen, kinderleicht den Opfern von Gewalt die Verantwortung für ihre Probleme zuschieben. Das gilt beispielsweise für den aus dem KZ befreiten 8- oder 12-Jährigen, dessen ganze Familie vor seinen Augen ermordet worden war. Sein späteres Aggressionsproblem wird zum Ergebnis seiner *primärnarzisstischen* Säuglingsgier erklärt. Das gilt auch für die Patientin mit der Erfahrung sexualisierter Gewalt in der Kindheit, die sich das Leben nahm, nachdem ihr verheirateter Therapeut sie nach einer kurzen Affäre abrupt fallen gelassen hatte. Ihr Suizid wird als Resultat ihres *»destruktiven Narzissmus«* ausgegeben.

Glaubensbekenntnisse

Den Mächtigen dieser Welt ist an der Kultivierung der neoliberalen Ideologie sehr gelegen. Von Zeit zu Zeit wird sie über inszenierte Rituale aufgefrischt. Bei Fortbildungen kommt die gläubige Gefolgschaft zusammen, beispielsweise in der Inselhalle von Lindau, um auf das neoliberale Glaubensbekenntnis erneut eingeschworen zu werden. Otto Kernberg, der Hohepriester der Psychoanalyse, verkündet der andächtigen Menge die gerade zitierten *»Fall-Analysen«*. Und er fragt: *»Ist da Trauma überhaupt noch ein hilfreiches Konzept?«* Seine rhetorische Frage beantwortet er selbst mit: *»Nein, das ist es absolut nicht!«* Und ein manipuliertes, verblödetes Massenpublikum von Fachleuten bestätigt dies mit begeistertem Klatschen. Mit Sicherheit haben die meisten Anwesenden nicht einmal bemerkt, welch eine akribische Suggestion da am Werk war. Klammheimlich wurden sie zu willfährigen DienerInnen einer Ideologie der Mächtigen abgerichtet. Das vermittelte Credo tragen sie weiter in die Welt hinaus.

Entsprechende Betrachtungen zum *Narzissmus* gelangen nun zwangsläufig in die Medien. Die herrschaftsfreundlichen Überzeugungen, die darin fest eingebaut sind, werden zum Bestandteil alltäglicher Berieselung. Und so entsteht rasch eine immer größere Gemeinschaft von Gläubigen, die die quasi religiösen Unterweisungen verinnerlicht haben. LaienpriesterInnen – ob in facebook-Gruppen oder auf youtube-Kanälen – ereifern sich, die versteckten, manipulativen Botschaften noch weiter in die Welt zu tragen.

Auffällig ist, wie der alte Mythos in den letzten Jahren nun in Fachliteratur und praktischen Ratgebern unbeschwert im Sinne der neuen Ideologie entstellt wird. Die übelsten Gestalten der Weltgeschichte – *»Hitler, Stalin, Pol Pot«* – werden ganz selbstverständlich als *Narzissten* diagnostiziert. Gleichzeitig wird uns suggeriert, dass *»wir alle«* irgendwie *narzisstisch* seien. Und dabei wird natürlich in keiner Weise konkret begründet, was genau Hitler, Stalin und wir alle mit diesem 16-jährigen Narziss aus dem Mythos gemeinsam haben sollten, der verzweifelt sein Spiegelbild im Wasser festzuhalten versucht. Am Ende wird dabei das Krankhafte normalisiert und das Normale zu etwas Krankhaftem gestempelt – was geradezu zwangsläufig und im wahrsten Sinne des Wortes zu der von Mausfeld beklagten moralischen Gleich-Gültigkeit führt. Die Einhelligkeit, mit der die gänzlich widersinnigen Fehldeutungen dieses berührenden, emanzipatorischen Mythos von internationalen AutorInnen produziert und auf den Markt geworfen werden, lässt daran zweifeln, dass dies ganz *zufällig* geschehen sollte.

Verschwörungs-Praxis

Bereits zehn Jahre nach Entstehen der psychoanalytischen Bewegung wurden geheime Absprachen getroffen, die in die Rubrik *Verschwörungs-Praxis* gehören. Freud selbst – seit 1897 Mitglied in der Freimaurerloge B'nai B'rith und von daher mit verdeckt agierenden Verbindungen vertraut – hatte 1912 die Einrichtung eines *»geheimen Komitees«* befürwortet (Sponsel, o. J.). Es bestand aus wenigen führenden Köpfen, denen Freud jeweils eine antike Gemme schenkte, die jeder für sich in einen goldenen Ring fassen ließ. Dieser geheime Kreis der Ringträger hatte die Aufgabe, aus dem Verborgenen heraus Freuds Lehren gegen jegliche Kritik zu verteidigen, auch über seinen Tod hinaus. Es ist wohl nicht völlig abwegig, davon auszugehen, dass sich bis heute solche Strukturen erhalten und vermutlich weiterentwickelt haben. Und so werden ein paar Erlesene nach wie vor ihrer geheimen Agenda folgen und dem Freudvolk wie der Öffentlichkeit mit allen Mitteln der Kunst die alten Thesen einzutrichtern versuchen.

Nil nocere versus Contergan

In der Medizin gilt das Prinzip *»nil nocere«* – man solle nichts tun, was den behandelten Menschen schaden könnte. Das sollte eigentlich auch für die Kaste der PsychotherapeutInnen gelten. Jedoch, so Mausfeld: *»Die Psychologie hat in den vergangenen Jahrzehnten eine Fülle neuer und vertiefter Einsichten in Gesetzmäßigkeiten der*

Funktionsweise unseres Geistes gewonnen. Viele dieser Einsichten lassen sich für eine Verfeinerung von Techniken der Propaganda und Täuschung – als sogenannte Soft-Power-Techniken der Machtausübung – nutzbar machen.« Es sei wenig überraschend, »*dass sich genügend Psychologen finden, die sich bereitwillig in den Dienst eines solchen Unterfangens stellen, was ihnen natürlich die Wertschätzung relevanter Kreise einträgt. Nur ein Beispiel: Die American Psychological Association (APA), die weltweit größte Standesorganisation von Psychologen, organisierte 2003 zusammen mit der CIA einen ›Science of Deception‹-Workshop* [Wissenschaft der Täuschung]. *Ziel dieses Workshops war es, neueste psychologische Befunde zu diskutieren und für die Praxis aufzubereiten, auf deren Basis man ›zum Zweck der nationalen Sicherheit‹ die Bevölkerung am besten täuschen könne. Mitglieder der APA waren auch an der Entwicklung und Durchführung der im Gefangenenlager Guantánamo praktizierten Foltertechniken beteiligt, und die APA bemühte sich öffentlich um eine Rechtfertigung dieser Techniken.«* Knuth Müller (2017) hat die Verstrickungen von PsychoanalytikerInnen mit der CIA sehr ausführlich dargestellt.

Wenn die Opfer von teils brutalster Gewalt auf Grundlage des Konzepts *Narzissmus* zu TäterInnen erklärt werden, dann liegt der Vergleich mit dem Contergan-Skandal nahe, der 1961 ans Licht kam. Das Hantieren mit dem Begriff *Narzissmus* führt – wie gezeigt – zu eindeutigen Fehlbehandlungen und damit verbundenen psychischen und psychosomatischen Schädigungen. Und trotzdem wird – seit über hundert Jahren – *nichts* dafür getan, dieses Konstrukt, das angeblich der Therapie dienen soll, vom Markt zu nehmen.

IST JULIAN ASSANGE EIN NARZISST?

In einem Interview für das Internet-Magazin REPUBLIK erklärt der UNO-Sonderberichterstatter für Folter, Nils Melzer (2020), seine ursprüngliche Abneigung gegen Assange: »*In meiner von den Medien geprägten Wahrnehmung hatte auch ich das Vorurteil, dass Julian Assange irgendwie schuldig ist und ja, dass er mich manipulieren will.*« Er habe von den Anwälten Assanges »*einige Schlüsseldokumente und eine Zusammenfassung des Falls*« erhalten. »*Und da dachte ich, dass ich es meiner professionellen Integrität schuldig bin, mir das zumindest einmal anzuschauen. (…) Schnell wurde mir klar, dass hier etwas nicht stimmt. Dass es einen Widerspruch gibt, der sich mir mit meiner ganzen juristischen Erfahrung nicht erschließt: Warum befindet sich ein Mensch neun Jahre lang in einer strafrechtlichen Voruntersuchung zu einer Vergewaltigung, ohne dass es je zur Anklage kommt?*«

Steht der Vorwurf im Raum, ein Mann habe eine Frau »*vergewaltigt*«, lässt sich das nicht in jedem Fall leicht klären. Im Fall von Assange will Melzer dies jedoch eindeutig verneinen, wie er ausführlich und präzise darstellt. Nach seiner Auffassung wurde mittels eines verschwörerischen Netzwerks, mit propagandistischer Raffinesse – unter Einbindung der willfährigen Medien – auf breiter Ebene Stimmungsmache betrieben. Das habe zunächst sogar bei ihm selbst gut funktioniert: Er sei, wie oben erwähnt, zunächst in dieser Frage gegen Assange eingenommen gewesen. Aber nach seinen Recherchen, die er ausführlich präsentiert, wurde ihm klar: *Julian Assange* ist in Bezug auf die ihm vorgeworfene Vergewaltigung völlig *unschuldig*. Trotzdem wurde er – wie in der Einleitung zitiert – in London in Haft genommen, unter anderem mit der bezeichnenden Pseudo-Begründung: »*Sie sind ein Narzisst!*«

VON OPFERN, TÄTERN UND IDIOTEN

Wer zu einem ersten Termin in meine Praxis kommt, wird in der Regel relativ schnell mit einer Einschätzung von mir konfrontiert: »Wissen Sie, für mich gibt es nur drei Arten von Menschen: Opfer, Täter und Idioten.« Den Angesprochenen merke ich meist eine gewisse Irritation an. Und ich fahre fort: »Jetzt muss ich Ihnen erst einmal erklären, was das Wort ›Idiot‹ eigentlich bedeutet. Idiot kommt aus dem Griechischen. ›Idiotis‹ ist ›der Privatmann‹, ›idios‹ ist ›das Eigene‹ Idiotisch zu sein bedeutet also dem Wortsinn nach, seinen eigenen Weg zu gehen.[13] Es kann natürlich blödsinnig sein, nicht auf andere zu hören. Aber auch jene, die etwas erfinden, entdecken oder künstlerisch gestalten, sind notwendigerweise IdiotInnen. Denn nur, wenn Sie nicht da entlang trotteln, wo alle anderen entlang trotteln, können Sie Neues erfinden oder entdecken oder künstlerisch gestalten. Einen eigenen Weg zu gehen, sich also idiotisch zu verhalten, kann durchaus klug und genial sein.«

Dieses Merkmal, einen *eigenen* Weg zu gehen, unterscheidet IdiotInnen von Opfern und TäterInnen. Opfer sind Menschen, die durch das Schicksal schwere Beeinträchtigung erfahren haben, weil beispielsweise wichtige Bezugspersonen gestorben sind, sie selbst mit gesundheitlichen Einschränkungen konfrontiert waren oder in großer Armut aufwachsen mussten. Oder sie haben womöglich Gewalt, Unterdrückung, Entwertung oder Missachtung durch Eltern, Geschwister, MitschülerInnen, GewalttäterInnen, ÄrztInnen, PsychologInnen, LehrerInnen und andere erfahren. Weil solche Menschen – ohne eigenes Zutun! – derart vom Leben gebeutelt wurden, sind sie eventuell überzeugt: »Ich habe es nicht verdient, glücklich zu sein!« – »Ich bin nichts wert!« Mit diesen Grundeinstellungen liefern sie sich eher und ohne große Gegenwehr Situationen aus, in denen sich entsprechende Erfahrungen wiederholen. Dabei erleben sie dann mit großer Wahrscheinlichkeit erneut Ausbeutung, Unterdrückung, Entwertung, Missachtung oder Ungerechtigkeit. Es ist ihnen vertraut, dass derartig mit ihnen umgegangen wird. Auf dieser Grundlage stellt sich bei ihnen leicht ein Gefühl von Hilflosigkeit ein.

IdiotInnen hingegen wollen ihren eigenen Weg gehen. Für sie ist es unerträglich, sich Bevormundung und Unterdrückung auszusetzen. Sie sehen zu, dass sie entsprechende Erfahrungen ver-

13 Noch im 19. Jahrhundert wurde der Begriff »*idiotisch*« – basierend auf den Überlegungen des Schriftstellers und Theologen Johann Gottfried Herder (1744–1803) – durchaus im Sinne von »*charakteristisch*« gebraucht.

meiden oder rasch beenden. Es sind Menschen, die aus negativen Ereignissen gestärkt hervorgegangen sind, die Widerstandskraft besitzen (= Resilienz), welche ihnen geholfen hat, ihre Schicksalsschläge positiv zu wenden. Ganz nach dem Motto: Aus Mist Dünger machen!

Bei den TäterInnen handelt es sich – wie bei den Opfern – um Menschen mit einem schwer gestörten Selbstwertgefühl. Sie vertreten allerdings eine gegenteilige Einstellung: »Ich bin die/der Größte!« – »Ich muss unbedingt nach vorne!« – »Hauptsache, mir geht's gut!« Wer solche Überzeugungen in sich trägt, fühlt sich berechtigt, über Leichen zu gehen, um die eigenen Vorteile zu sichern. Für diese Art von Mensch ist es selbstverständlich, auf anderen herumzutrampeln, um selbst voranzukommen oder einen höheren Posten zu erlangen. Diese Eigenschaft von TäterInnen unterscheidet sie von IdiotInnen. Denn wer es gewohnt ist, eigene Wege zu gehen, hat es nicht nötig, andere zu erniedrigen und auszubeuten.

Mein erklärtes Programm für die Therapie: »In der Regel kommen Sie als Opfer hierher. Aber ich möchte, dass Sie als IdiotIn – oder, noch besser: als VollidiotIn – wieder hier rausgehen.« Hierfür möchte ich meinen KlientInnen den Rücken stärken. Viele haben die Erfahrung gemacht, dass sie in ihrem sozialen Umfeld als seltsam angesehen werden, weil sie ihre eigenen Ideen verfolgen, kreativ sind oder offen und direkt ihre Meinung sagen.

In der menschlichen Gesellschaft besteht die Tendenz, abweichendes Verhalten zu sanktionieren. Wer von seinem Handeln nicht wirklich überzeugt ist, wird durch die Zuschreibung, nicht ganz dicht zu sein oder sich »idiotisch« zu benehmen, ziemlich leicht unter Druck geraten und dazu verleitet, den einfacheren Weg zu gehen, sich dem Handeln der anderen anzupassen. Das kann, wie die Weltgeschichte zeigt, leider sehr verhängnisvoll sein. Aus meiner Sicht bräuchte unser Planet mehr IdiotInnen. Trottel, die anderen willenlos hinterhertrotteln, haben wir schon genug.

Ein Elritzen-Problem

Im Tierreich ist oft vorteilhaft, sich in einer großen Herde aneinander zu orientieren und gemeinsam zu bewegen. Einzeltiere sind in einem Vogel- oder Fischschwarm für Angreifer schwerer zu erbeuten. Es ist für das Individuum also normalerweise mit einem Überlebensvorteil verbunden, sich automatisch an das Verhalten seines Schwarms anzupassen. Auch in uns Menschen steckt zweifellos dieser Herdeninstinkt. Auch für uns kann es durchaus sinnvoll und notwendig sein, uns fest zusammenzuschließen.

Dass der Herdentrieb jedoch nicht zwangsläufig vorteilhaft sein muss, zeigt ein Experiment von Erich v. Holst aus den frühen 1940er Jahren, beschrieben von seinem Schüler Konrad Lorenz: Elritzen sind kleine Süßwasserfische, die sich stets im Schwarm bewegen. Einer solchen Elritze hatte v. Holst das Vorderhirn entfernt. Der Fisch vermag nach dieser Operation weiterhin zu schwimmen und zu fressen. Er verliert jedoch anscheinend seine Ängstlichkeit. Wenn er in ein Becken gesetzt wird, in dem bereits ein Elritzenschwarm in geschlossener Formation seine Bahnen zieht, schwimmt er – ohne den Schwarm zu berücksichtigen – gerade so, wie es ihm gefällt: im Zickzack-Kurs, kreuz und quer. Und was, glauben Sie, geschieht nach wenigen Momenten? – Nach kurzer Zeit schwimmt der ganze Schwarm der gehirnamputierten Elritze hinterher. Wird an diesem Experiment vielleicht deutlich, wie Gruppendynamik und Politik funktionieren?

Norbert Bischof, ebenfalls ein Schüler von v. Holst, berichtet, dass sich ein NSDAP-Funktionär während einer Tagung für v. Holsts Forschung interessierte. Vor dem versammelten Auditorium fragte er, ob es denn im Tierreich so etwas wie ein Führer-Prinzip gebe. Der unerschrockene v. Holst habe von dem Experiment berichtet und hinzugefügt, *»dass es nur eines Hirndefektes bedürfe, um ein Individuum zum Führer der Gruppe avancieren zu lassen. (…) der Funktionär wurde blass und hatte keine weiteren Fragen.«* Als v. Holst sich dafür verantworten musste, kam er mit einer Verwarnung davon. Er hatte sich ja lediglich auf empirische Befunde bezogen.

Narziss – ein Idiot

Narziss ist ein *Idiot* im breiteren Sinne des Wortes. Er geht seinen eigenen Weg. Er lässt sich – in der zweiten Versionen-Klasse – keine Beziehungen aufdrängen. Daraus erwächst ihm schließlich ein Problem. Die Abgewiesenen machen ihm Druck. Und selbst Außenstehende wie Nemesis ergreifen Partei gegen ihn. Dabei haben Menschen wie Narziss nicht Bestrafung, sondern Verständnis, Mitgefühl und moralischen Beistand verdient.

Und obwohl Narziss ziemlich unabhängig ist und gerne seinen eigenen Weg geht, so leidet er dennoch darunter, dass ihm vertraute, liebgewonnene Angehörige und WegbegleiterInnen verloren gehen. Auch für dieses Schicksal hat er nicht verdient, dass er als gestört, krank oder inzestuös-pervers abgestempelt wird. Vielmehr steht ihm hier ebenso unser Mitgefühl und Verständnis zu.

Vom Wert des Widerspruchs

Widersprüche tauchen für mich beispielsweise da auf, wo sogenannte Wissenschaftler den sympathischen Narziss oder den sensiblen »Prinzen im Eisenofen« wortreich zu Ungeheuern erklären. Über solche Widersprüche können wir stolpern, sie *wahr*-nehmen. Uns darf klar werden, dass uns hier irgendwelche Wortakrobaten – bewusst oder unbewusst – etwas völlig Unsinniges einreden wollen, hemmungslose Lügenpropaganda betreiben. Solchen Verwirrungsversuchen *dürfen* und *müssen* wir *widersprechen*, um uns von den Manipulationen zu befreien, denen wir schon seit über hundert Jahren ausgesetzt sind.

Wenn ein Mobbingopfer unter dem Etikett *Narzissmus* in einer kassenfinanzierten »Psychotherapie« für die Schikanen, die es erleidet, selbst verantwortlich gemacht wird, dann ist das nur die Spitze des Eisbergs einer perfiden Opferbeschuldigungsideologie. Wenn mit dem Zauberwort *Narzissmus* eine in der Therapie verführte, dann fallengelassene und so in den Suizid getriebene Klientin in aller Öffentlichkeit verhöhnt und verlacht werden kann, dann zeigt sich hier die ganze menschenverachtende, zerstörerische Wucht dieses

Konzeptes. Unser Rechtssystem scheint bereits darauf geeicht zu sein, bei Bedarf einer gesunden Mutter mittels der herbeigefaselten Diagnose »*narzisstische Persönlichkeit*« das Kind wegzunehmen. Am Ende wird dann mit der Zuschreibung, ein *Narzisst* zu sein, ein Held der Menschheit in den Kerker geschickt.
An solchen Beispielen kann uns klar werden, wie wenig wir uns auf sogenannte Fachleute und ihre Begriffe, mit denen sie uns die Welt vermeintlich begreifbar machen, verlassen können. Womöglich sind diese »ExpertInnen« selbst beschränkt, überfordert, verbogen oder gar manipuliert und korrupt. Wir sollten dem Rat Georg Christoph Lichtenbergs folgen, der Ende des 18. Jahrhunderts rät, dass man kein Wort gebrauchen solle, das man nicht versteht. Mit Verschwommenheit und Unverständlichkeit der Sprache ließe sich leicht Schwindel betreiben, warnt Erhard Weigel bereits circa 100 Jahre zuvor. Unverständliche Begriffe trüben zwangsläufig die Klarheit unserer Sicht auf die Welt. Nach Harold Pinter hält man mithilfe der Sprache das Denken in Schach. Wir sollten also vorsichtiger darin werden, Begriffe und Konzepte zu verwenden, die wir gar nicht recht verstehen.

Eine Bitte zum Schluss

Seit gut einem Vierteljahrhundert mache ich auf den Mythos von Narziss in seinen sieben Varianten und meine Deutung dazu aufmerksam und erläutere die Details zur Entstehungsgeschichte des Begriffes *Narzissmus*. Dass dieses völlig unklare Konzept heute dazu beiträgt, in einer Art Rückkoppelung die alte, entstellende Deutung des Mythos weiter abzustützen, das illustriere ich in diesem Buch durch Zitate aus zumeist neuerer Ratgeber- und Fachliteratur. Dort haben sich in den letzten Jahren sogar blödsinnige Neu-Mythen eingeschlichen, wortgetreu von Wikipedia abgeschrieben oder sinngemäß wiedergegeben und unkritisch verbreitet. Und – geradezu umgekehrt – zitiert man zwar meinen Artikel von 2008, tut aber so, als habe man dessen grundlegende Aussage nicht einmal ansatzweise erfasst.

Durch plastische Fallbeispiele habe ich hier dokumentiert, dass es für theoretisierende wie für praktizierende therapeutische »Fachleute« ein Leichtes ist, die Objekte ihrer Betrachtung *falsch* wahr-zu-nehmen, ihnen *nicht zu glauben*, sie *verkehrt* zu verstehen, womöglich aufgrund eigener »unbewusster« Prozesse. Ähnlich wie Dörte v. Drigalski war ich auch selbst während meiner psychotherapeutischen Ausbildung mehrfach solchen Torturen mit entsprechend starken seelischen Belastungen und Irritationen ausgesetzt. Deshalb machen mich Berichte von negativen Therapieerfahrungen selbst meist traurig, ärgerlich und oft geradezu fassungslos.

Aber aus Mist kann Dünger werden: Gerade durch solche Zumutungen habe ich auch gelernt, immer schneller und sicherer dagegen klar Stellung zu beziehen und entsprechende Veranstaltungen, ungeachtet der Seminarkosten, zu verlassen. Vielleicht ist es mir gerade auf der Grundlage dieser Erfahrung besonders wichtig, im kleinen wie im großen Kreis der Menschheitsfamilie so fair, respektvoll, vorurteilslos und förderlich wie möglich mit anderen umzugehen.

Denjenigen Menschen, die ausgebeutet, belogen, hintergangen, manipuliert, entwertet, drangsaliert, beleidigt, schikaniert, verletzt oder sonstwie geschädigt werden, stehe ich gern zur Seite. Gleichzeitig behaupte ich, dass es widersinnig, irreführend und verschleiernd ist, die Verursacher solchen Leids als *»narzisstisch«* oder *»narzisstisch gestört«* zu bezeichnen. Dieses Etikett ist nicht nur – wie gezeigt – grundlegend »falsch«, es ist auch inzwischen – wohl mit Bedacht – so unendlich aufgebläht, dass *»wir alle«* uns als irgendwie *»narzisstisch«* – auf einer Skala von 0 bis 10 – verorten können sollen. Damit sind ja dann wir selbst nicht viel besser, als diejenigen, unter denen wir leiden. Befreiend wirkt allein, entsprechende Quälereien so sachlich und konkret wie möglich zu benennen und sich über die erforderliche und geeignete Gegenwehr klar zu werden.

Nun meine Bitte: Wann immer jemand in Ihrer Gegenwart den Begriff *Narzissmus* oder *narzisstisch* gebraucht, machen Sie sich den Spaß und fragen Sie die betreffende Person, was genau sie unter diesem Begriff versteht. Fragen Sie nach dem jeweiligen Wissen um den Ursprung dieses Begriffes – und erläutern Sie Ihrem Gegenüber die hier vorgestellten zwei Facetten des Mythos. Machen Sie darauf aufmerksam, wie leicht dieser unklare Begriff ein Opfer zum Täter erklärt – und umgekehrt. Vielleicht begegnen Ihnen in der Literatur oder in Ihrem eigenen Umfeld weitere Beispiele für solches Missverstehen. (Lassen Sie es mich gerne wissen.)

Helfen Sie mit, diesem seit über hundert Jahren bestehenden Spuk, diesem heil-losen Begriffsdurcheinander, ein Ende zu bereiten. Die Erzählung vom tragischen Ende des sympathischen Narziss umschreibt in allgemeingültiger Weise die Möglichkeiten eines Menschen, an sozialen Beziehungen zu leiden. Sie stellt altes griechisches Kulturgut dar. Dieses sollte ausdrücklich vor Beschädigung und Verunstaltung geschützt werden. Wenn sich für Sie eine Gelegenheit ergibt, dann setzen Sie sich – letztlich in Ihrem eigenen Interesse – dafür ein, der Wahrheit zu ihrem Recht zu verhelfen! Leisten Sie einen persönlichen Beitrag, um den fiktiven jungen Mann aus der Antike endlich voll und ganz zu rehabilitieren – und mit ihm all diejenigen Menschen, die, vom Mobbingopfer bis hin zu Julian Assange, bis heute in seinem Namen zu Unrecht diffamiert und geächtet werden!

LITERATUR

Abraham, Hilda C. & Freud, Ernst L. (Hg.) (1965): Sigmund Freud – Karl Abraham. Briefe 1907–1926. Frankfurt a. M., S. Fischer Verlag

Apollodor (1992): Die griechische Sagenwelt. Apollodors mythologische Bibliothek, Leipzig, Sammlung Dieterich

Asper, Kathrin (1994): Verlassenheit und Selbstentfremdung. Neue Zugänge zum therapeutischen Verständnis. München, dtv

Behary, Wendy (2009): Der ›Feind‹ an Ihrer Seite. Wie Sie im Umgang mit Egozentrikern überleben und wachsen können. Paderborn, Junfermann

Bernays, Edward (2014): Propaganda. Die Kunst der Public Relations. Orange Press

Bischof, Norbert (1997): Das Rätsel Ödipus. Die biologischen Wurzeln des Urkonfliktes von Intimität und Autonomie. München, Piper

Bonelli, Raphael M. (2016): Männlicher Narzissmus. Das Drama der Liebe, die um sich selbst kreist. München, Kösel

Breger, Louis (2009): A Dream of Undying Fame: How Freud Betrayed His Mentor and Invented Psychoanalysis. New York, Basic Books

Breuer, Josef & Freud, Sigmund (1895/1991): Studien über Hysterie. Frankfurt a. M., Fischer TV

Burnside, John (2019): Über Liebe und Magie – I Put a Spell on You. Aus dem Englischen von Bernhard Robben. München u.a., Penguin Verlag

Cicero, Marcus Tullius (1976): De Oratore. Übersetzt und herausgegeben von Harald Merklin. Stuttgart, Reclam

Dammann, Gerhard (2012): Narzissmus – Wichtige psychodynamische Konzepte und ihre Auswirkungen auf die klinische

Praxis. In: Dammann, Gerhard; Sammet, Isa; Grimmer, Bernhard: Narzissmus. Theorie, Diagnostik, Therapie. Stuttgart, Kohlhammer

Dammann, Gerhard & Gerisch, Benigna (2005): Narzisstische Persönlichkeitsstörung und Suizidalität: Behandlungsschwierigkeiten aus psychodynamischer Perspektive. In: Schweizer Archiv für Neurologie und Psychiatrie, 156, S. 299–309

Dexheimer, Alexander (2017): Messerattacke in Kandel. Nach Mord an 15-Jähriger: Pädagoge gibt Einblick in Psyche des Täters. Interview mit Alexander Dexheimer. Veröffentlicht auf FOCUS-online am 28.12.2017

Drewermann, Eugen (2013): Liebe, Leid und Tod. Daseinsdeutung in antiken Mythen. Ostfildern, Patmos Verlag

Drigalski, Dörte v. (1980): Blumen auf Granit. Eine Irr- und Lehrfahrt durch die deutsche Psychoanalyse. Frankfurt u.a., Ullstein TB (Neuausgabe 2003 mit einem Geleitwort von Gaby Sohl. Berlin, Peter Lehmann Antipsychiatrieverlag)

Drigalski, Dörte v. (1982): Manchen wird geschadet. Die Schattenseiten der Psychotherapie. In: DER SPIEGEL, 7/1982, S. 178–184 (anonym)

Drigalski, Dörte v. (2002): Das China-Syndrom der Psychoanalyse. In: Michael Mertens & Hilarion Petzold (Hg.): Therapieschäden. Risiken und Nebenwirkungen von Psychotherapie. Mainz, Grünewald Verlag

Drigalski, Dörte v. (2006): Verbiegen Verbogene? Beziehungsstörungen bei Beziehungsfachleuten. In: Persönlichkeitsstörungen – Theorie und Therapie (PTT), 11, S. 91-98

Ellis, Havelock (1898): Auto-Erotism: A Psychological Study. In: The Alienist and Neurologist, 19, S. 260–299

Ellis, Havelock (1900): Geschlechtstrieb und Schamgefühl. Leipzig, Georg H. Wigand's Verlag [1901 wurde diese Ausgabe bei A. Stuber unverändert als 2. Auflage herausgebracht]

Ellis, Havelock (1907): Geschlechtstrieb und Schamgefühl. 3., ergänzte und erweiterte Ausgabe, Würzburg, A. Stuber

Ellis, Havelock (1922): Geschlechtstrieb und Schamgefühl. 4., ergänzte und erweiterte Auflage. Leipzig, Verlag von Curt Kabitzsch

Ellis, Havelock (1927): The Conception of Narcissism. In: The Psychoanalytic Review, 14, S. 129–153

Ermann, Michael (2020): Narzissmus. Vom Mythos zur Psychoanalyse des Selbst. Stuttgart, W. Kohlhammer

Eschenbach, Ursula (1985): Vom Mythos zum Narzissmus. Vom Selbst zum Ich. Therapeutische Konzepte der Analytischen Psychologie C. G. Jungs. Fellbach, Bonz Verlag

Frank, Ludwig (1927): Die psychokathartische Behandlung nervöser Störungen (Psychoneurosen – Thymopathien). Leipzig, Georg Thieme

Freud, Sigmund (1914): Zur Einführung des Narzissmus. Wien, Internationaler psychoanalytischer Verlag

Haller, Reinhard (2013): Die Narzissmusfalle. Anleitung zur Menschen- und Selbstkenntnis. Wals bei Salzburg, Ecowin Verlag

Haller, Reinhard (2017): Nie mehr süchtig sein. Leben in Balance. Wals bei Salzburg, Ecowin Verlag

Hirigoyen, Marie-France (1999): Die Masken der Niedertracht. Seelische Gewalt im Alltag und wie man sich dagegen wehren kann. München, dtv

Hirigoyen, Marie-France (2020): Die toxische Macht der Narzissten – und wie wir uns dagegen wehren. München, C. H. Beck

Jauk, Emanuel, Benedek, Mathias, Koschutnig, Karl, Kedia, Gayannée & Neubauer, Aljoscha C. (2017): Self-viewing is associated with negative affect rather than reward in highly narcissistic men: an fMRI study. Sci Rep 7, 5804 (https://doi.org/10.1038/s41598-017-03935-y)

Kernberg, Otto F. (1984): Schwere Persönlichkeitsstörungen. Stuttgart, Klett-Cotta

Kernberg, Otto F. (1997): Persönlichkeitsentwicklung und Trauma. Audio-Aufnahme des Vortrags bei den Lindauer Psychotherapie-Wochen 1997. Auditorium Netzwerk

Kernberg, Otto F. (1999): Persönlichkeitsentwicklung und Trauma. In: Persönlichkeitsstörungen – Theorie und Therapie (PTT), 3, S. 5–15

Krupp, József (2009): Distanz und Bedeutung. Ovids Metamorphosen und die Frage der Ironie. Heidelberg, Universitätsverlag Winter

Lammers, Claas-Hinrich (2017): Narzissmus. Selbstverliebter Westen. Interview für spektrum.de

Lammers, Claas-Hinrich & Eismann, Gunnar (2019): Bin ich ein Narzisst? Oder einfach nur selbstbewusst? Stuttgart, Schattauer

Lorenz, Konrad (1963): Das sogenannte Böse. Zur Naturgeschichte der Aggression. Wien, Dr. G. Borotha-Schoeler-Verlag

Maaz, Hans-Joachim (2003): Der Lilith-Komplex. Die dunklen Seiten der Mütterlichkeit. München, C. H. Beck

Maaz, Hans-Joachim (2012): Die narzisstische Gesellschaft. Ein Psychogramm. München, C. H. Beck

Malkin, Craig (2017): Der Narzissten-Test. Wie man übergroße Egos erkennt … und überraschend gute Dinge von ihnen lernt. Köln, DuMont

Marneros, Andreas (2013): Irrsal! Wirrsal! Wahnsinn! Persönlichkeit, Psychose und psychische Konflikte in Tragödien und Mythen. Stuttgart, Schattauer

Mausfeld, Rainer (2018): Warum schweigen die Lämmer? Wie Elitedemokratie und Neoliberalismus unsere Gesellschaft und unsere Lebensgrundlagen zerstören. Frankfurt a. M., Westend

Melzer, Nils (2020): Vor unseren Augen kreiert sich ein mörderisches System. Interview mit dem UNO-Sonderberichterstatter für Folter, Nils Melzer, im online-Magazin REPUBLIK vom 31.01.2020 (https://www.republik.ch/2020/01/31/nils-melzer-spricht-ueber-wikileaks-gruender-julian-assange)

Merzeder, Christine (2015): Wie schleichendes Gift. Narzisstischen Missbrauch in Beziehungen überleben und heilen. München, Scorpio

Mestel, Robert (2019): Diagnostik der narzisstischen Persönlichkeitsstörung. In: Persönlichkeitsstörungen – Theorie und Therapie (PTT), 23, S. 41–53

Modena, Emilio (1983): Unter dem Banner des Narzissmus. Gedanken zu einem psychoanalytischen Bestseller. In: Die neuen Narzissmustheorien: Zurück ins Paradies? Hrsg. vom Psychoanalytischen Seminar Zürich, Red. Gabi Döhmann-Höh. Frankfurt a. M., Syndikat

Müller, Knuth (2017): Im Auftrag der Firma: Geschichte und Folgen einer unerwarteten Liaison zwischen Psychoanalyse und militärisch-nachrichtendienstlichen Netzwerken der USA seit 1940. Gießen, psychoszial-verlag

Mugerauer, Roland (1994): Narzissmus: eine erzieherische Herausforderung in pädagogischen und sozialen Praxisfeldern. Marburg, Tectum Verlag

Näcke, Paul (1899 a): Die sexuellen Perversitäten in der Irrenanstalt. In: Psychiatrische en Neurologische Bladen, 3, S. 122–149

Näcke, Paul (1899 b): Kritisches zum Kapitel der normalen und pathologischen Sexualität. In: Archiv für Psychiatrie und Nervenkrankheiten, 32, S. 356–386

Näcke, Paul (1906): Der Kuß bei Geisteskranken. In: Allgemeine Zeitschrift für Psychiatrie und psychiatrisch-gerichtliche Medizin, 63, S. 106–127

Ovid (o.J.): Tristia 4, 10. Übersetzt von Ulrich Schmitzer. (https://www.uzh.ch/latinum/amann/Unterlagen2/Ovid_Tristia_4_10.pdf)

Ovid (1985): Liebeskunst. Ars Amatoria. Lateinisch-deutsch. Herausgegeben und übersetzt von Niklas Holzberg. München u.a., Artemis Verlag

Ovid (2018): Metamorphosen. Herausgegeben und übersetzt von Niklas Holzberg. Reihe: Sammlung Tusculum. Berlin, Verlag De Gruyter

Patzer, Harald (1982): Die griechische Knabenliebe. Sitzungsberichte der wissenschaftlichen Gesellschaft an der Johann

Wolfgang Goethe Universität Frankfurt a. M., Band XIX, Nr. 1. Wiesbaden, Franz Steiner Verlag

Pausanias (1998): Beschreibung Griechenlands. Ein Reise- und Kulturführer aus der Antike. Auswahl, Übersetzung aus dem Griechischen und Nachwort von Jacques Laager. Zürich, Manesse Verlag

Peichl, Jochen (2015): Narzisstische Verletzungen der Seele heilen. Das Zusammenspiel der inneren Selbstanteile. Stuttgart, Klett-Cotta

Peichl, Jochen (2017): Warum es auch gut ist, Narzisst zu sein. München, Kösel

Petzold, Hilarion (1992): Gebt Narziss seinen Namen zurück. In: Integrative Therapie, 3, S. 323–325

Pinter, Harold (2005): Rede anlässlich der Verleihung des Nobelpreises für Literatur (http://www.poetenladen.de/harold-pinter-nobelpreisrede.html)

Pritz, Alfred (Hg.) (2008): Einhundert Meisterwerke der Psychotherapie. Ein Literaturführer. Wien, Springer-Verlag

Pulver, Sydney (1972): Narzissmus. Begriff und metapsychologische Konzeption. In: Psyche, 26, S. 34–57

Rank, Otto (1911): Ein Beitrag zum Narzissismus. In: Jahrbuch für psychoanalytische und psychopathologische Forschung, S. 401–426

Ranke-Graves, Robert v. (1984): Griechische Mythologie. Quellen und Deutung. Reinbek bei Hamburg, Rowohlt Taschenbuch Verlag

Rauchfleisch, Udo (2017): Narzissten sind auch nur Menschen. Wie wir mit ihnen klarkommen. Ein Ratgeber. Ostfildern, Patmos

Renger, Almut-Barbara (Hg.) (1999): Mythos Narziss. Texte von Ovid bis Jacques Lacan. Leipzig, Reclam

Röhr, Heinz-Peter (1999): Narzissmus. Das innere Gefängnis. München, dtv

Rohleder, Hermann (1907): Der Automonosexualismus. Eine bisher noch unbeobachtete Form des menschlichen Geschlechtslebens. In: Berliner Klinik, Heft 225, März 1907

Rosenhan, David L. (1973): On being sane in insane places. Science, 179, S. 250–258

Sadger, Isidor (1910): Ein Fall von multipler Perversion mit hysterischen Absencen. In: Jahrbuch für psychoanalytische und psychopathologische Forschung, S. 59–133

Schindler, Winfried (2005): Ovid: Metamorphosen. Erkennungsmythen des Abendlandes. Europa und Narziss. Exemplarische Reihe Literatur und Philosophie, Band 20. Annweiler am Trifels, Sonnenberg Verlag

Schlagmann, Klaus (1998): Narziss, Ödipus, Iokaste und der systemische Ansatz. In: Zeitschrift für systemische Therapie, 16, S. 133–141

Schlagmann, Klaus (2001): Die Mythen von Ödipus und Narziss als Geschichten von Traumatisierungen. In: U. Bahrke, W. Rosendahl (Hg.): Psychotraumatologie und Katathym-imaginative Psychotherapie. Lengerich u.a., Pabst Science Publishers, S. 108–119

Schlagmann, Klaus (2005): Ödipus – komplex betrachtet. Männliche Unterdrückung und ihre Vergeltung durch weibliche Intrige als zentraler Menschheitskonflikt. Saarbrücken, Eigenverlag

Schlagmann, Klaus (2007): Sexueller Missbrauch. Opferbeschuldigung als Psychotherapiestrategie? In: psychoneuro, 9, S. 361–365

Schlagmann, Klaus (2008): Zur Rehabilitation von Narziss. Mythos und Begriff. In: Integrative Therapie. Zeitschrift für vergleichende Psychotherapie und Methodenintegration, 34, S. 443–464

Schlagmann, Klaus (2009): Brief an die Mitglieder von »Runder Tisch – sexueller Kindesmissbrauch« (https://oedipus-online.de/index.php/runder-tisch-sexueller-missbrauch/)

Schlagmann, Klaus (2010): Ödipus – komplex betrachtet. In: Programmheft zu Bodo Wartkes Solo-Kabarett »König Ödipus«. Hamburg, Reimkultur Musikverlag, S. 33–54

Schlagmann, Klaus (2011): Missbrauchsopfer? – Selbst Schuld! Zu Risiken und Nebenwirkungen von Psychotherapie. In: Sexuologie. Zeitschrift für Sexualmedizin, Sexualtherapie und Sexualwissenschaft, 18, S. 193–200

Schlagmann, Klaus (2019): Narzissmus – was genau soll das eigentlich sein? Und wer war gleich nochmal sein Namensgeber, dieser Narziss? Saarbrücken, Eigenverlag

Schlagmann, Klaus (2020 a): Die Eigenverantwortungslüge. In: Rubikon, online-Magazin, vom 06.02.2020

Schlagmann, Klaus (2020 b): Schuldlos unschuldig. In: Rubikon, online-Magazin, vom 21.05.2020

Sponsel, Rudolf (o. J.): Das Geheime Komitee. Freud's Ideologisches Clearing Instrument. Abteilung Geschichte der Tiefenpsychologie, Psychoanalyse und Analytischer Psychotherapie. Erlangen, IP-GIPT (http://sgipt.org/th_schul/pa/gesch/komitee.htm)

Spotnitz, Hyman & Resnikoff, Philip (1954): The Myths of Narcissus. In: The Psychoanalytic Review, 41, S. 173–181

Trencsényi-Waldapfel, Imre (1979): Die Töchter der Erinnerung. Götter- und Heldensagen der Griechen und Römer mit einem Ausblick auf die vergleichende Mythologie. Aus dem Ungarischen übersetzt von Mirza Schüching. Berlin, Rütten & Loening

Valera, Juan (1993): Generous Rafaela. (Englische Ausgabe von Genio y figura.) Übersetzung aus dem Spanischen von G. Trimble. San Bernardino, CA, Emeritus Enterprise Book

Wahl, Heribert (1985): Narzissmus? Von Freuds Narzissmustheorie zur Selbstpsychologie. Stuttgart, Kohlhammer

Wardetzki, Bärbel (2009): Eitle Liebe. Wie narzisstische Beziehungen scheitern oder gelingen können. München, Kösel

Wieseler, Friedrich (1856): Narkissos. Eine kunstmythologische Abhandlung nebst einem Anhang über die Narcissen und ihre Beziehung im Leben, Mythos und Cultus der Griechen. Göttingen, Dieterich

Wikipedia: Narziss. Versionen vom 04.10.03, 25.05.05, 28.7.05, 10.8.05, 18.10.05, 27.03.10, 21.01.11 und 17.10.19

Wutke, Joachim: Narzissmus-Reader. (http://www.cops.uni-sb.de/joachim/reader/narziss/TOPFRAME.htm) Download vom 18.08.1998

Zepf, Sigfried & Nitzschke, Bernd (1985): Zur Kritik der Narzissmus-Theorie von Otto Kernberg. In: Psyche, 10, S. 865–976

Zwettler-Otte, Sylvia (2012): Narzissmus im Spiegel antiker Mythologie. In: Beate Ermacora, Maren Welsh (Hg.): Der Spiegel des Narziss. Vom mythologischen Halbgott zum Massenphänomen. (Katalog der gleichnamigen Ausstellung, Galerie im Taxispalais, 1.12.12–10.2.13.) Köln, Snoeck Verlagsgesellschaft mbH, S. 36-51